图书在版编目（CIP）数据

异质性环境规制对中国全要素碳生产率的影响研究 / 谢云飞著. -- 北京 ：经济管理出版社，2025. -- ISBN 978-7-5243-0257-5

Ⅰ. F124.5

中国国家版本馆 CIP 数据核字第 2025Q5F486 号

组稿编辑：张　艺
责任编辑：申桂萍
责任印制：许　艳
责任校对：蔡晓臻

出版发行：经济管理出版社
（北京市海淀区北蜂窝 8 号中雅大厦 A 座 11 层　100038）
网　　址：www. E-mp. com. cn
电　　话：（010）51915602
印　　刷：北京晨旭印刷厂
经　　销：新华书店
开　　本：720mm×1000mm/16
印　　张：11.5
字　　数：158 千字
版　　次：2025 年 5 月第 1 版　　2025 年 5 月第 1 次印刷
书　　号：ISBN 978-7-5243-0257-5
定　　价：78.00 元

联系地址：北京市海淀区北蜂窝 8 号中雅大厦 11 层
电话：（010）68022974　　邮编：100038

前　言

改革开放以来，中国凭借着重工业优先发展的战略推动了经济高速增长，而这种粗放的发展模式也导致中国的环境问题被不断放大。中国作为世界上最大的能源消费和碳排放国家，正面临空前的碳减排压力。碳排放的增加，导致温室效应加剧、全球平均气温不断上升，并对人类的生存环境造成了严重威胁。对此，中国政府提出了相应的规划目标，习近平主席在 2020 年 9 月举办的第七十五届联合国大会一般性辩论上宣布中国二氧化碳排放力争于 2030 年前达到峰值、努力争取 2060 年前实现碳中和。“双碳”目标的提出既彰显了中国的国际责任和大国担当，也是推动构建人类命运共同体的必然选择。在 2022 年 10 月 16 日中国共产党第二十次全国代表大会上，习近平总书记再次强调要“应对气候变化，协同推进降碳、减污、扩绿、增长，推进生态优先、节约集约、绿色低碳发展”。由此可见，找到兼顾经济发展与“双碳”目标的绿色低碳发展之路，是中国当前亟待解决的重大现实问题。

推进绿色低碳转型和生态文明建设，进而如期完成“双碳”目标，很大程度上依赖各地区环境政策的实施。本书从异质性环境规制视角出发，研究正式环境规制与非正式环境规制对全要素碳生产率的影响，为新时代我国实现“双碳”目标、探索绿色低碳发展之路提供重要决策参考。为了探讨不同环境政策在低碳治理过程中的作用，本书基于2005~2020年中国30个省级数据、2011~2020年中国282个地级市数据和2013~2018年中国120个地级市数据，综合利用合成控制法、双重差分法、双固定效应模型及工具变量法等多种分析工具系统研究了正式环境规制与非正式环境规制对全要素碳生产率的影响效应及作用机制。本书的主要研究内容及研究结论如下：

第一，本书对全要素碳生产率进行了测度，并探讨了其时空演变特征。研究发现：①从中国全要素碳生产率的时间特征来看，2005~2020年，中国全要素碳生产率整体呈上升趋势；核密度估计动态演进显示，核密度曲线整体向右缓慢平移，中国全要素碳生产率呈逐渐上升态势。②从中国全要素碳生产率的空间特征来看，东部地区全要素碳生产率高于中西部地区，南方地区全要素碳生产率高于北方地区；空间趋势分析表明，在东西向上，全要素碳生产率整体呈现出先较为平坦后迅速上升的趋势，东部明显高于中西部，在南北向上，全要素碳生产率表现为由“U”形趋势向倒“U”形趋势转变；空间集聚方面，中国全要素碳生产率具有显著的空间集聚效应，且集聚效应主要分布在高高集聚和低低集聚区间。③从中国全要素碳生产率的重心演化轨迹来看，2005~2020年，中国全要素碳生产率重心整体由西北向东南方向迁移了51.5179千米，东部和南方地区的低碳发展效果整体好于中西部和北方地区。

第二，本书基于“末端治理”视角，探讨了正式环境规制碳排放权交易制度的低碳发展效应。采用合成控制法构造出各试点省份的反事实参照组，科学评估了碳排放交易试点政策对全要素碳生产率的影响，并进一步探讨了其作用机制。研究发现，碳交易政策整体上促进了全要素碳生产率提升，但由于各试点省份在人口规模、贸易开放度等预测变量上存在差异，导致各试点省份的政策效果呈现出异质性，六个试点省份中只有北京、天津、湖北和重庆的低碳治理效果显著。排序检验、安慰剂检验及合成控制—双重差分法均证实了上述结果的稳健性。机制分析表明，碳交易试点政策主要通过产业升级效应、能源优化效应、绿色创新效应以及节能环保效应这四条路径提升全要素碳生产率。

第三，本书基于“源头管控”视角，探讨了正式环境规制用能权交易制度的低碳发展效应。通过双重差分的准自然实验法，检验用能权交易制度对城市全要素碳生产率的影响，并分析其作用机制。研究发现，用能权交易制度有助于城市全要素碳生产率提升，该结论经过一系列稳健性检验后依然成立。具体而言，相较于未试点城市，试点城市的全要素碳生产率提升了14.27%。异质性分析表明，用能权交易制度对不同区位、不同资源禀赋城市低碳发展的促进效果存在差异，对内陆城市起到“雪中送炭”的作用，同时为沿海城市带来“锦上添花”的效果；相较于非资源型城市，对资源型城市的促进效果更明显。机制分析表明，用能权交易制度主要通过能耗“双控”效应、产业结构效应及绿色创新效应等途径驱动城市低碳发展。进一步分析可知，经济增长目标削弱了用能权交易制度的产业结构效应及绿色创新效应，要素错配弱化了用能权交易制度的能耗“双控”效应，二者对用能权交易的低碳治理效果产生负向调节作用。

第四，本书探讨了以环境信息公开为代表的非正式环境规制的低碳治理效应。利用第三方机构公布的城市污染源信息公开指数（PITI），以120个重点城市为样本，实证考察了环境信息公开对城市全要素碳生产率的影响及作用机制。研究发现：①环境信息公开能显著提高城市全要素碳生产率，并且在通过一系列稳健性检验后，该结果依然成立。②异质性研究发现，环境信息公开对沿海城市、非资源型城市以及非老工业基地城市的全要素碳生产率提升作用更明显。③进一步分析发现，环境信息公开主要通过产业结构效应、能源结构效应、技术创新效应以及节能环保效应影响城市全要素碳生产率。

第五，本书构建了双固定效应模型，将碳排放交易、用能权交易这两种正式环境规制和环境信息公开这一非正式环境规制纳入统一研究框架，分析了三种环境规制对全要素碳生产率的贡献度。研究发现：①正式环境规制中的碳排放权交易对全要素碳生产率影响显著为正，说明碳排放权交易有利于驱动城市低碳发展。相较于中西部地区、北方地区、资源型城市以及市场化程度较低的地区，碳排放权交易对东部地区、南方地区、非资源型城市以及市场化程度较高的区域全要素碳生产率有更显著的促进作用。②正式环境规制中的用能权交易对全要素碳生产率影响显著为正，说明用能权交易制度能够有效促进全要素碳生产率提升。相较于中西部地区、北方地区、非资源型城市以及市场化程度较高的地区，用能权交易制度对东部地区、南方地区、资源型城市以及市场化程度较低的区域全要素碳生产率有更明显的促进作用。③非正式环境规制中的环境信息公开对全要素碳生产率影响显著为正，表明非正式环境规制有利于城市低碳发展，且非正式环境规制主要通过环境信息公开的手段形成“产业结构效应”“能源结构效应”“技术创新效应”，进而倒逼城市向着低碳化方向发展。此外，相较于中西部地区、北方地区、资源型城市以及市场化程度较低的区域，用能权交易制度对东部地区、南方地区、非资源型城市以及市场化程度较高的区域全要素碳生产率有更明显的促进作用。④通过正式环境规制与非正式环境规制的对比可以发现，正式环境规制对提升全要素碳生产率的贡献度显著高于非正式环境规制。

本书是在江西财经大学黄和平教授的悉心指导下完成的，黄教授渊博的知识、严谨的科学态度、精益求精的工作作风始终激励着我不断前进，黄教授渊博的学识不仅体现在人口、资源与环境领域，而且拓展至资产评估甚至理工科领域，黄教授勤勉的工作态度和严谨的学术作风也是我学习的榜样。本书的出版也得到了经济管理出版社各位编辑的帮助，在此表示由衷的感谢！

最后，本书难免还存在不足与缺憾，还请各位专家读者批评指正。

目　录

1 绪论

1.1 研究背景

中国正经历着以高能耗为特征的工业化及城市化（Miao et al.，2019），虽然中国已进入高质量发展阶段，但仍保持中高速增长，因此，工业化和城市化带来的能源需求还在不断增长，这也导致中国将面临长期的碳减排压力（Shi et al.，2018）。碳排放加剧了全球气候变暖，并对人类的生存环境造成了严重威胁（孙鹏博和葛力铭，2021）。因此，探寻低碳发展路径既是中国经济高质量发展的内在要求，也是推动构建人类命运共同体的必然选择。

为应对气候变化，中国政府对此提出了相应的规划目标，习近平主席在2020年9月举办的第七十五届联合国大会一般性辩论上宣布，中国二氧化碳排放力争于2030年前达到峰值，努力争取2060年前实现碳中和。在中国向《联合国气候变化框架公约》秘书处提交的《强化应对气候变化行动——中国国家自主贡献》中指出，到2030年单位国内生产总值二氧化碳排放比2005年下降60%~65%。在“双碳”目标约束下，如何寻找新的经济增长点，如何在要素资源配置上减少碳排放，如何在粗放型发展模式往集约化发展模式转换过程中平衡经济增长与碳排放增长都将成为新的议题。“碳生产率”在度量这种问题上具有优越性。Kaya和Yokobori（1997）首次提出碳生产率的概念，并指出碳生产率能很好地反映经济增长与碳排放的关系，他们认为发展低碳经济就是要提高全要素碳生产率。

毋庸置疑，如期完成“双碳”目标，进而推进绿色低碳转型和生态文明建设，很大程度上依赖于环境规制政策的运用。波特假说认为，采取适宜的环境规制能倒逼污染企业的创新研发，进而提高企业的能源利用效率和企业竞争力，获取的经济效益不仅能覆盖因环境规制造成的环境治理成本，还能形成“创新补偿”效应，并兼顾环境效益及经济效益。因此，我国要想提高全要素碳生产率，加快实现“双碳”目标，持续推进绿色低碳发展，就必然要制定合理的环境规制体系。为有效解决环境问题、推动经济绿色高质量发展，我国政府制定了不少环境规制政策，政策工具也逐渐由传统的命令控制型向市场导向型转变。1973年，第一次全国环境保护会议确定了环境保护的“32字方针”，拉开我国环保工作的序幕（张小筠和刘戒骄，2019）；1998年，国务院针对酸雨及二氧化硫污染问题，以强制命令的形式提出了“两控区”分阶段的控制目标；2007年，我国正式启动了二氧化硫排污权有偿使用和交易制度（以下简称“排污权交易”），并先后批复了湖北、浙江、湖南、天津、河南、江苏、重庆、山西、陕西、河北、内蒙古11个省份作为排污权交易试点地区；2011年，国家发展改革委批准北京、天津、上海、重庆、湖北、广东以及深圳先行展开碳排放权交易试点工作；2016年，国家发展改革委为巩固树立五大发展理念，选取浙江、福建、河南及四川作为用能权有偿使用和交易试点地区。除了以上所提到的命令控制型和市场激励型等传统正式环境规制手段，我国还尝试利用非正式环境规制手段助推生态文明建设。

如果只关注提高环境规制的实施效果，而忽视了全要素碳生产率的提升，不仅背离了绿色高质量发展的目标，而且给环境规制的实施效率带来巨大挑战。与之对应的是，如果只关注提高全要素碳生产率，而忽视环境规制的作用，会导致全要素碳生产率的全面下降，经济发展质量降低。在此背景下，为了实现碳减排与经济绿色高质量发展的深度融合，迫切需要从环境规制的参与主体等多重视角重新审视环境规制对全要素碳生产率的影响效应，为新时期促进经济的绿色高质量发展提供对策建议。

1.2 研究意义

1.2.1 理论意义

第一，本书系统阐述了碳排放权交易及用能权交易制度这两类正式环境规制措施对全要素碳生产率的影响。现有文献虽然对全要素碳生产率影响因素进行了多方面考察，但是关于制度因素的探讨相对匮乏。因此，本书拟采用“Super-SBM”模型测量考虑碳排放非期望产出的全要素碳生产率，并分别探讨了碳排放权交易及用能权交易制度对全要素碳生产率的影响，进一步丰富了全要素碳生产率的相关研究。

第二，本书系统考察了环境信息公开这种非正式环境规制对全要素碳生产率的影响。现有文献关于环境规制与碳生产率的探讨往往侧重于将环境规制看成一个整体或只研究单一环境规制对碳生产率的影响，尚缺乏从不同参与主体出发，研究不同类型环境规制对碳生产率的影响。本书基于不同参与主体，系统考察了正式环境规制以及非正式环境规制对全要素碳生产率的影响，为环境规制体系的低碳发展效应评估提供了有益借鉴。

1.2.2 实践意义

第一，从准实验角度实证研究碳排放权交易及用能权交易制度对全要素碳生产率的影响效应，检验正式环境规制的低碳效应及其异质性影响，同时分析正式环境规制对全要素碳生产率的影响机理，不仅有利于正确认识环境规制带来的低碳发展红利，也有利于地方政府建立科学合理的环境规制政策体系，制定与环境规制相适应的配套政策，提高地区全要素碳生产率，促进低碳发展。

第二，相较于碳排放权交易及用能权交易等传统正式环境规制，环境信息公开是适应中国特色的非正式环境规制政策，该类型政策尚缺乏严谨的理论支撑及实践检验。通过环境信息公开实现绿色低碳发展，仍处于“摸着石头过河”的阶段，所以探究其低碳治理效果和内在作用机制是必要且迫切的。本书对环境政策的分类是以参与主体为依据，从参与主体差异视角，系统性地分析正式环境规制与非正式环境规制的低碳治理效应，为完善中国特色的环境治理体系提供参考。

1.3 研究内容与关键问题

1.3.1 研究内容

1.3.1.1 中国全要素碳生产率的测度及时空演变特征

本部分在对全要素碳生产率进行科学界定的基础上，构建全局可参比超效率 SBM 模型对中国全要素碳生产率进行测度，进一步分析了全要素碳生产率的时空演变特征。相关内容主要包括以下三个部分：第一，全要素碳生产率测度。本书基于非期望产出 SBM 模型，结合全局可参比 DEA 方法，测算了中国各地区全要素碳生产率。投入指标包括劳动力投入、资本投入以及能源投入，同时以各地区 GDP 为期望产出，以碳排放为非期望产出。第二，中国全要素碳生产率的时间特征分析。利用时间变化趋势图和 Kernel 密度估计刻画了中国全要素碳生产率的时间变化趋势以及动态演进趋势。第三，中国全要素碳生产率的空间特征分析。利用趋势面分析、空间自相关分析等方法，探讨了我国各省份全要素碳生产率的空间演变特征，进一步运用重心迁移模型刻画我国全要素碳生产率的空间轨迹变迁。

1.3.1.2 碳排放权交易制度对全要素碳生产率的影响

本部分基于“末端治理”视角，考察了碳排放权交易这种正式环境规制对全要素碳生产率的影响。研究内容主要包括以下三个部分：第一，碳排放权交易出台的政策背景及其对全要素碳生产率的影响机理。首先概括了碳排放权交易的相关背景，其次从产业结构、能源结构、绿色创新以及节能环保四个方面探讨了碳排放权交易制度影响全要素碳生产率的理论机制。第二，准实验构建。本部分将2011年启动的碳排放权交易试点看作准自然实验，将国家发展改革委发布的《关于开展碳排放权交易试点工作的通知》正式批准的北京、天津、上海、重庆、湖北、广东、深圳作为实验组，同时采用合成控制法构造出各试点省市的反事实参照组。第三，政策评估。采用合成控制法科学地评估了碳排放权交易试点政策对全要素碳生产率的影响，并进一步从产业升级效应、能源优化效应、绿色创新效应以及节能环保效应四条路径探讨了其作用机制。

1.3.1.3 用能权交易制度对全要素碳生产率的影响

本部分基于“源头管控”视角，考察了用能权交易这种正式环境规制对全要素碳生产率的影响。研究内容主要包括以下四个部分：第一，用能权交易制度出台的背景及其对全要素碳生产率的影响机理。首先概括了用能权交易的相关背景，其次按照经典环境经济理论，通过理论推导的形式分析了用能权交易制度影响全要素碳生产率的规模路径、结构路径和技术路径。第二，准实验构建。本部分将2016年国家发展改革委发布的《用能权有偿使用和交易试点制度试点方案》中涉及的浙江省、福建省、河南省及四川省的地级市作为实验组，将其余未试点地级市作为对照组。第三，政策评估。采用双重差分法评估了用能权交易试点政策对全要素碳生产率的影响，并进一步实证检验了用能权交易影响全要素碳生产率的规模路径、结构路径和技术路径。第四，拓展性分析。通过构建调节效应模型探讨了经济增长目标及要素错配在用能权交易制度影响全要素碳生产率过程中的调节作用。

1.3.1.4 环境信息公开对全要素碳生产率的影响

本部分从理论和实证两个层面揭示了环境信息公开这种非正式环境规制对全要素碳生产率的影响。研究内容主要包括以下两个部分：第一，环境信息公开影响全要素碳生产率的理论机制。从产业结构、能源结构和技术创新三个方面阐述了环境信息公开影响全要素碳生产率的作用机制。第二，实证检验。构建了双固定效应模型和工具变量法，实证考察了环境信息公开对全要素碳生产率的影响效应及作用机制。

1.3.1.5 异质性环境规制对全要素碳生产率的贡献度

本部分探讨了上述两种正式环境规制和一种非正式环境规制对全要素碳生产率的影响差异。研究内容包括以下三个部分：第一，理论机制。将两种正式环境规制和一种非正式环境规制纳入同一框架，分析了三种环境规制对全要素碳生产率的影响机制。第二，贡献度分析。构建了双固定效应模型，探讨了碳排放权交易、用能权交易以及环境信息公开对全要素碳生产率的贡献度。第三，异质性分析。从区域、资源禀赋以及市场化程度三个方面分析了异质性环境规制影响全要素碳生产率的差异。

1.3.2 拟解决的关键问题

本书基于不同参与主体视角，从理论和实证两个方面考察正式环境规制、非正式环境规制对中国全要素碳生产率的影响效应，为新发展阶段促进绿色低碳发展提供经验证据，为实现我国“双碳”目标及经济高质量发展的统一提供参考。在具体研究中，拟解决的关键问题如下：

第一，如何测算中国全要素碳生产率。准确测度全要素碳生产率是研究环境规制与全要素碳生产率间因果关系的前提。一方面，本书在全要素分析框架下，首先使用永续盘存法测算各地区资本存量；其次在既有研究的基础上，对全要素碳生产率指标中的投入变量、期望产出变量及非期望产出变量进行界定。另一方面，本书采用全局可参比 Super-SBM 模型，精准测度中国省级和城市层面的全要素碳生产率。

第二，如何考察碳排放权交易制度对全要素碳生产率的影响。碳排放权交易通过限制企业二氧化碳排放，控制碳排放末端的形式促进碳减排。本书将2011年国家发展改革委启动的碳排放权交易试点政策视为一项准自然实验，采用合成控制法识别碳排放权交易对碳排放的“末端治理”效果，并对碳排放权交易与全要素碳生产率之间的因果关系进行识别。进一步地，本书还对二者之间的作用机制进行了深入探讨。

第三，如何考察用能权交易制度与全要素碳生产率的因果关系。用能权交易通过限制企业能源消耗，对碳排放的源头进行管控，进而实现碳减排目标。本书将2016年国家发展改革委发布的《用能权有偿使用和交易试点制度试点方案》视为一项准自然实验，将实施用能权交易试点的城市作为实验组，将其他未实施用能权交易试点的城市作为对照组，采用双重差分的准自然实验法对用能权交易与全要素碳生产率的因果关系进行识别。同时，检验了用能权交易制度影响城市低碳转型的作用机制，进一步分析了经济增长目标及要素错配对用能权交易制度赋能城市低碳转型的调节作用。

第四，如何探讨环境信息公开对全要素碳生产率的影响。既有研究往往只关注正式环境规制对碳排放或碳生产率的影响，较少有研究关注非正式环境规制的低碳治理效应。事实上，中国作为正式环境规制效力普遍较弱的发展中国家，非正式环境规制可作为正式环境规制的重要补充。因此，探讨非正式环境规制的低碳治理效果显得尤为必要，本书构建了双固定效应模型，对环境信息公开这一典型非正式环境规制与全要素碳生产率之间的因果关系进行了探讨。

第五，如何分析异质性环境规制对全要素碳生产率的贡献度。既有研究往往只关注单一环境规制对全要素碳生产率的影响，然而以上谈到的碳排放权交易、用能权交易以及环境信息公开等正式或非正式环境规制并非单独作用于全要素碳生产率，而是同时发挥作用，因此有必要探讨异质性环境规制对全要素碳生产率的贡献度。基于此，本书构建了面板双固定效应模型，分析了异质性环境规制对全要素碳生产率的贡献差异，同时探讨了异质性环境规制在不同区域、不同资源禀赋及不同市场化程度下对全要素碳生产率的影响差异。

1.4 研究方法与技术路线

1.4.1 研究方法

本书立足于全要素碳生产率提升，在绿色高质量发展背景下，探讨了异质性环境规制与全要素碳生产率之间的因果关系，在科学测度中国全要素碳生产率的基础上，采用多种研究方法，基于不同参与主体视角，从理论和实证两个维度研究异质性环境规制对全要素碳生产率的影响。具体研究方法如下：

数据包络分析法（DEA）。数据包络分析法不需要人为设定具体的生产函数，可以很好地模拟多投入多产出的实际生产过程，近年来已得到广泛应用。因此，本书在确定劳动、资本及能源等投入要素，以及期望产出、非期望产出的基础上，构建全局可参比 Super-SBM 模型对全要素碳生产率进行测算。全局可参比的方法能有效解决不可行解和跨期不可比等问题。同时，本书采用的 Super-SBM 模型还可以对决策单元做进一步比较，以避免因多个决策单元同时有效而无法进一步比较的局限。

时空分析法。本书第 3 章依托 ArcGIS 软件，通过图表绘制的形式展示了中国全要素碳生产率的时空演变格局。首先，采用 Kernel 密度估计刻画中国全要素碳生产率的动态演进趋势。其次，综合利用 ArcGIS10.8 软件中的自然间断点分级法、趋势面分析法以及空间自相关分析法，探讨了中国全要素碳生产率的空间演变特征和空间集聚特征。最后，利用重心迁移模型分析了中国全要素碳生产率的重心演化轨迹。

合成控制法。合成控制法作为政策评估的重要方法，近年来受到学术界广泛关注。本书第 4 章将正式环境规制碳排放权交易的实施看作一项准自然实验，利用合成控制法识别了碳排放权交易与全要素碳生产率之间的因果关系。首先，本书确定实行碳排放权交易制度的实验组省份，并利用合成控制法构建出各试点省份的反事实参照组。其次，本书通过比较各试点省份及其合成省份的全要素碳生产率走势，评估试点政策效果。最后，利用排序检验、安慰剂检验以及合成控制双重差分法（SCM-DID）对政策实施效果进行了稳健性检验。

双重差分法。双重差分法作为政策评估的经典方法，近年来同样被广泛应用。本书第 5 章将正式环境规制用能权交易制度的实施视为一项准自然实验，并探讨用能权交易与全要素碳生产率之间的因果关系。首先，确定双重差分样本中的实验组及对照组。其次，通过平行趋势检验来确认实验组和对照组在政策实施前的时间趋势是否保持一致。最后，利用双重差分法评估了用能权交易制度对全要素碳生产率的净效应。

双固定效应模型。本书第 6 章通过构建双固定效应模型，探讨了非正式环境规制环境信息公开与全要素碳生产率之间的因果关系。

工具变量法。在本书的第 5 章和第 6 章均用到工具变量法进行内生性检验。其中，第 5 章选择空气流通系数作为正式环境规制用能权交易制度的工具变量，第 6 章选择互联网普及率作为非正式环境规制环境信息公开的工具变量，空气流通系数和互联网普及率都满足作为工具变量的相关性及外生性约束。之后进行 2SLS 回归，解决了模型可能存在的内生性问题。

1.4.2　研究框架

基于以上研究内容，本书的技术路线如图 1-1 所示。

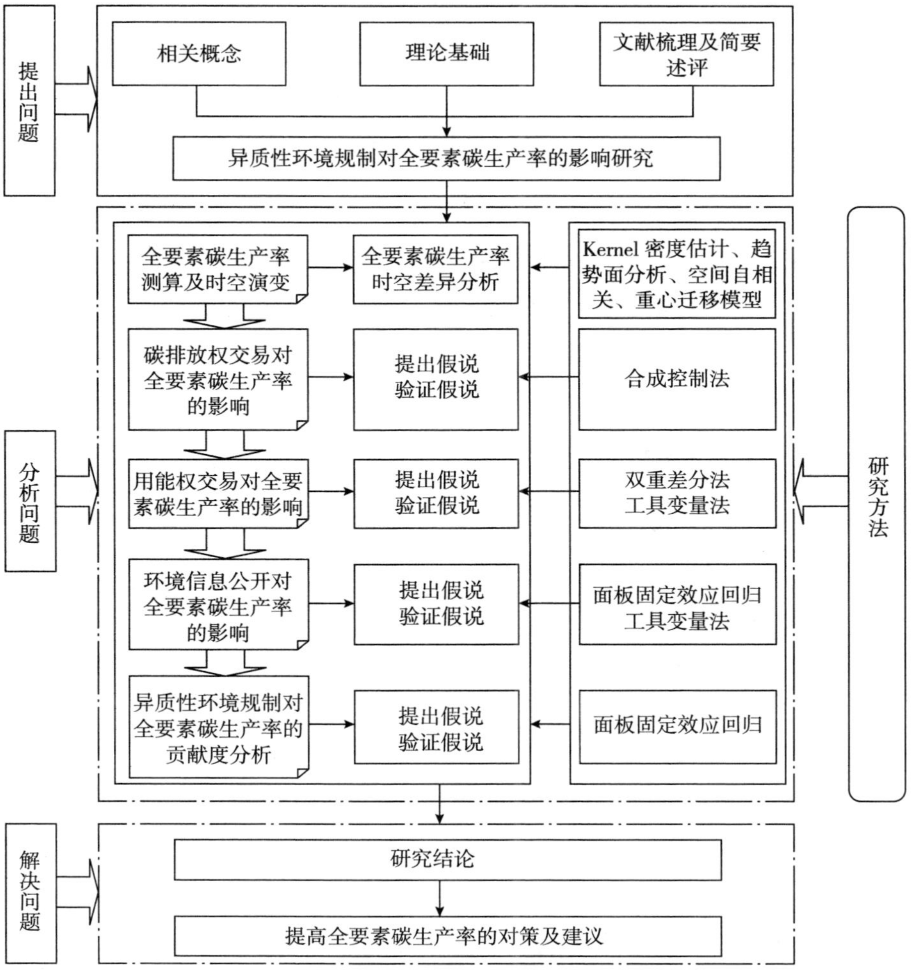

提出问题

相关概念　理论基础　文献梳理及简要述评

异质性环境规制对全要素碳生产率的影响研究

分析问题

全要素碳生产率测算及时空演变 → 全要素碳生产率时空差异分析 ← Kernel 密度估计、趋势面分析、空间自相关、重心迁移模型

碳排放权交易对全要素碳生产率的影响 → 提出假说 验证假说 ← 合成控制法

用能权交易对全要素碳生产率的影响 → 提出假说 验证假说 ← 双重差分法 工具变量法

环境信息公开对全要素碳生产率的影响 → 提出假说 验证假说 ← 面板固定效应回归 工具变量法

异质性环境规制对全要素碳生产率的贡献度分析 → 提出假说 验证假说 ← 面板固定效应回归

研究方法

解决问题

研究结论

提高全要素碳生产率的对策及建议

图 1-1　本书的技术路线

1.5 研究的创新

1.5.1 研究视角创新

①与既有研究主要从结构角度及技术角度研究全要素碳生产率问题不同，本书从制度角度研究了两种正式环境规制和一种非正式环境规制对全要素碳生产率的影响及作用机制；②与既有研究主要从传统指标测算角度考察环境规制与碳生产率的关系不同，本书从“准自然实验”的角度进一步分析了环境规制对全要素碳生产率的影响。

1.5.2 研究内容创新

①与多数文献仅考察了环境规制对经济增长、污染排放或碳排放单方面的影响不同，本书将经济增长、碳排放纳入同一框架，综合考察了环境规制对全要素碳生产率的影响；②与已有研究主要从结构或技术层面提出提高碳生产率的政策建议不同，本书着重强调通过合理的制度安排、优化资源配置等途径来提升全要素碳生产率。

1.5.3 研究方法创新

①与以往研究多采用环境法规数量、排污费征收额或污染物排放强度等内生性较强的传统的指标不同，本书从准自然实验的角度出发，分别选取碳排放权交易制度及用能权交易制度作为正式环境规制的典型代表，并采用合

成控制法（SCM）及双重差分法（DID）考察了两种正式环境规制影响全要素碳生产率的净效应，在一定程度上避免了因直接度量环境规制而产生的内生性问题；②利用双固定效应模型及工具变量法进一步分析了环境信息公开这一非正式环境规制对全要素碳生产率的影响。

2 理论基础与文献综述

2.1 相关概念界定

2.1.1 环境规制

“规制”即“管制”或“监管”，意为通过法律、法规等政策手段对经济活动主体进行监管。日本著名经济学家植草益（1992）将规制定义为“对构成特定社会、机构，特定经济主体所得，并按照一定的规章制度采取的限制行为”。美国经济学家施蒂格勒（1996）则将规制定义为“国家为满足某些利益集团的要求而制定的强制措施的总和”。

环境规制则兼顾保护环境与确保社会福利的作用，是政府对公共环境的污染主体进行的规制行为。国内学者从不同角度对环境规制的内涵进行界定。赵玉民等（2009）综合环境规制的提出主体、对象、目标、手段和性质，提出环境规制是以保护环境为目的，通过有形制度或无形意识作用到个体的一种约束性行为。环境规制还包括不同类型，学者们通常采用经济合作与发展组织（OECD）的分类方法，将环境规制类型划分为命令控制型、市场激励型以及公众参与型三类（占佳和李秀香，2015；申晨等，2017；范丹和孙晓婷，2020；谢云飞等，2021）。还有学者按照环境规制的参与主体将其分为正式环境规制和非正式环境规制（原毅军和谢荣辉，2014；苏昕和周升师，2019；Frances et al.，2020），正式环境规制通常由政府部门发起，并通过强制力或者市场调控手段实现环境治理（邱金龙等，2018），包括环境法规、污染排放标准、排污权交易等。非正式环境规制通常源于社会公众对环境问题的重视，并通过信息披露等手段对污染排放企业施压，最终降低企业排放（Xie et al.，2017）。而本书则重点探讨了其中两种正式环境规制与一种非正式环境规制对全要素碳生产率的影响。

2.1.2 碳生产率与全要素碳生产率

产业（生产单位）在运行过程中，将资本、劳动、能源等要素投入生产过程后可以得到期望产出（Desirable Output，如 GDP），但能源的消耗往往会带来非期望产出（Undesirable Output，如二氧化碳排放）。随着环境问题的日益加剧，学者们越来越认识到在研究产业效率时，不仅应该考虑资本、劳动等投入以及 GDP 等期望产出，也应该将能源投入及其产生的非期望产出纳入考量，以此衡量的效率才能更真实、全面地反映产业发展过程中的环境代价（Zaim and Taskin，2000；牛秀敏，2016）。学者们将考虑碳排放这一非期望产出的效率称为碳生产率（Carbon Productivity）。

碳生产率分为单要素碳生产率和全要素碳生产率。Kaya 和 Yokobori（1997）最早提出单要素碳生产率的概念，将其定义为一段时期内单位二氧化碳排放的经济产出量。全要素碳生产率则更加全面地考虑了劳动、资本、能源等投入要素，并将碳排放、经济产出以及多种投入要素纳入同一框架。单要素碳生产率单纯体现了碳排放对环境及经济的总体影响，而全要素碳生产率反映了一定时期内各种生产要素进行的生产活动对环境及经济的总体影响。传统的全要素生产率主要包含劳动、资本等经济类投入要素以及经济产出要素，但忽略了能源要素及环境排放要素对经济增长的影响。随着经济的增长，能源消耗与污染排放越发严重，资源环境因素逐渐被纳入全要素生产率测度体系。早期研究将考虑污染排放等非期望产出的生产率称为环境全要素生产率或绿色全要素生产率（匡远凤和彭代彦，2012；李玲和陶锋，2012）。随着全球气候变暖问题受到越来越多的关注，学者们也开始将碳排放作为非期望产出纳入全要素生产率测算框架，并称之为全要素碳生产率，以弥补单要素碳生产率含义的不足（Bai et al.，2019；白雪洁和孙献贞，2021）。本书认为，同时考虑经济产出增加和碳排放减少并且包含能源投入减少的全要素生产率测度不仅能够兼顾资源节约、低碳治理，而且能综合考虑经济发展等因素，我们称之为全要素碳生产率，全要素碳生产率被赋予了“绿色低碳”的内涵，不仅考虑了劳动、资本、能源等投入要素，还体现出能源与碳排放对经济增长的影响，实现社会经济绿色高质量发展是全要素碳生产率提升的目标。通常来说，相较于单要素碳生产率，全要素碳生产率可以更全面地衡量低碳发展水平（Li et al.，2018），故本书采用全要素碳生产率作为地区低碳发展水平的衡量指标。

2.1.3 碳排放权交易制度

碳排放权交易的历史可追溯至1997年在日本签订的《京都议定书》。其间共有来自全球的149个国家签署了该条约，《京都议定书》的诞生旨在解决自工业革命以来不断恶化的全球气候变暖等问题。《京都议定书》中提到了一种“排放贸易机制”，即在减排任务既定的前提下，允许两个发达国家之间通过贸易的方式进行减排权利买卖，不同国家在经济发展及生产技术水平上的迥异导致其减排成本出现高低之分，减排成本低的国家往往能优先完成减排任务，并有多余的减排份额，而减排成本较高的国家往往难以达到既定的减排目标，继而偏向于向前者购买减排份额。碳排放交易将二氧化碳排放权看成一种商品，允许不同企业对碳排放权利进行交易，以达到减少碳排放和保护环境的目的。

2011 年，国家发展改革委正式批准北京、天津、上海、重庆、湖北、广东以及深圳 7 个省市先行开展碳排放交易试点工作，2013 年 7 个试点省市的碳交易市场正式上线。

2.1.4 用能权交易制度

用能权交易是指在区域用能总量保持一定的前提下，企业可以依法交易用能配额，该过程基于科斯的产权理论，即将能源看成一种特殊的商品，企图通过市场价格机制来解决能源消耗的外部性，以此推动企业降低能源消耗，并实现企业收益最大化。根据国家生态文明建设的要求，为有序推进用能权交易有偿使用，释放用能权交易市场活力，2016 年 7 月国家发展改革委发布了《用能权有偿使用和交易试点制度试点方案》（以下简称《方案》），《方案》牢固树立五大发展理念，并选取浙江、福建、河南及四川作为试点地区。2016 年做好顶层设计及准备工作，2017 年正式开始实施。

2.1.5 环境信息公开

环境信息公开是公众参与环境治理的先决条件。根据信息持有主体的差异，环境信息又可以分为政府环境信息以及企业环境信息。其中，政府环境信息即政府在实地考察过程中收集到与环境治理有关的图片、影像等资料，企业环境信息指其通过文字或图片等形式发布出来的相关污染排放信息。

2007年，国家环境保护总局通过了《环境信息公开办法（试行）》（以下简称《办法》），《办法》于2008年5月1日正式施行，同年由公众环境研究中心（IPE）与自然资源保护协会（NRDC）共同开发并发布了城市污染源监管信息公开指数（PITI），该指数较为科学地反映了中国113座城市的污染源监管信息公开状况。

2.2 理论基础

2.2.1 外部性理论

外部性通常分为正外部性和负外部性，正外部性也称外部经济，指经济主体的经济行为产生了有利于他人的良好影响，此时，社会收益大于私人收益；负外部性也称外部不经济，指经济主体的经济行为对他人产生了不利影响，此时社会收益小于私人收益。

正是由于外部性的存在，仅通过市场机制还无法解决环境问题，并实现社会层面福利最大化，此时政府需要采取适当的干预手段来解决外部性问题。本书研究的碳排放问题就具有典型的生产负外部性效应，若政府不采取适当的环境规制措施，企业就无需承担相应的碳减排成本，环境质量会随着地区经济增长而不断恶化，进而无法实现绿色低碳高质量发展的目标。

2.2.2 产权理论

产权理论是西方新制度经济学的重要理论分支。著名经济学家科斯是该理论的集大成者，并提出了极具影响力的科斯定理，该理论认为，在产权明晰且初始交易费用足够小的前提下，无论初始产权如何分配，市场交易主体之间都会朝着利益最大化的方向发展。

本书涉及的碳排放权交易和用能权交易这两种正式环境规制的实施均体现了“科斯定理”思想。无论是在碳交易市场抑或是用能权交易市场，都是利用市场机制来消除碳排放对环境造成的负外部性。

2.2.3 波特假说

以新古典经济学为基础的传统学派从静态的角度进行分析，认为在假定企业技术水平、消费者需求等因素不变的情况下，加大环境规制力度，企业势必就会增加环保投入，这将增加企业生产成本，从而阻碍企业的生产效率并降低其利润率。但从 1995 年开始，以波特为代表的修正学派对传统学派的观点产生了质疑并提出了著名的“波特假说”，该理论认为就实际生产情况来看，企业的生产技术水平并非一成不变，应该用动态的视角去看待产业发展，政策制定者通过实施合理的环境规制能够有效刺激企业技术创新，并通过“创新补偿”效应来弥补早期因实施环境规制而增添的附加成本。

2.2.4 环境规制理论

环境规制理论分为传统学派、修正学派以及后修正学派之争。以新古典经济学为基础的传统学派从静态的角度进行分析，认为在假定企业技术水平、消费者需求等因素不变的情况下，加大环境规制力度，企业势必就会增加环保投入，进而促进技术创新。20 世纪 90 年代后，以波特为代表的修正学派对传统学派的观点产生了质疑并提出了著名的“波特假说”，该理论认为就实际生产情况来看，企业的生产技术水平并非一成不变，应该用动态的视角去看待产业发展，政策制定者通过实施合理的环境规制能够有效刺激企业技术创新，并通过“创新补偿”效应来弥补早期因实施环境规制而增添的附加成本。后修正学派又将波特假说细分为“强波特假说”“弱波特假说”。

2.2.5 低碳经济理论

传统的高碳化发展模式加快了工业化和城市化进程，但这也对人类生存环境造成了严重破坏，并严重阻碍人类社会可持续发展，为此，寻求低碳发展模式就显得尤为必要。低碳经济发展模式与传统粗放型发展模式相反，致力于以低排放、低污染以及低能耗为主要发展模式，其本质在于能源的高效利用、开发清洁能源、激发绿色创新、以绿色 GDP 为导向。低碳经济是以环境经济理论为基础，并利用环境经济中的相关理论来促进低碳经济。如本书重点探讨的碳排放权交易及用能权交易等市场型环境政策工具的实施，其核心目标就是保持经济发展与碳排放的平衡，既兼顾发展，又不牺牲环境质量。

2.3 环境规制的相关文献综述

2.3.1 环境规制的测算

在环境规制的相关研究中，如何精准测度环境规制是其中的关键所在。

现有文献主要从以下三个角度对环境规制进行测度：一是从整体视角对环境规制进行测度；二是分不同类型环境规制进行测度；三是从“准自然实验”的角度对具体的环境规制政策效果进行评估。

首先，大多数文献都习惯于将环境规制看成一个整体进行衡量。然而，对于环境规制强度的衡量标准目前尚未统一，基于不同研究对象以及数据的可获取性，主要可以归纳为以下两类：①单一指标法。一部分文献从环境投入的角度衡量环境规制强度，这类文献普遍认为环境治理投入与政府对环境治理的重视程度密切相关，环境投入越大，说明对环境治理的要求越严格，即环境规制强度越大。例如，Jaffe 和 Palmer（1997）以环境治理支出作为环境规制强度的代理指标，探讨了环境支出对美国制造业研发支出的影响；Brunnermeier 和 Cohen（2003）研究发现，环境治理投入显著促进了美国制造业环境专利申请数；董敏杰等（2011）以企业污染治理成本作为环境规制强度的代理变量，测算了环境规制对中国产业国际竞争力的影响；陈超凡（2016）利用污染治理成本与工业总产值的比值衡量环境规制强度，探讨了其对工业绿色全要素生产率的影响；彭冬冬等（2016）利用企业单位产出的排污费来衡量环境规制强度，一般而言，该指标越大，说明企业受到的环境规制强度越大；何爱平和安梦天（2019）以各省份污染治理投资总额与全国污染治理投资总额的比值衡量环境规制强度，探讨了其对绿色发展效率的影响。另一部分文献采用结果导向型指标衡量环境规制强度，一些研究认为污染物排放量可以侧面反映企业所面临的环境规制强度，企业单位产出的污染物排放量越大，说明企业所受到的环境规制越轻，反之则越重。例如，Xing 和 Charles（2002）利用二氧化硫排放总量衡量环境规制强度；张平淡和何晓明（2014）利用工业废气侧面衡量环境规制强度。还有一些研究通过二氧化硫去除率（张华和魏晓平，2014）或工业废弃物综合利用率（陈明华等，

2020）来衡量环境规制强度。此外，还有部分学者采用人均收入（Werner et al.，2001；陆旸，2009）、企业接受环境部门规制过程花费时间与成本（蒋为，2015）等指标间接衡量环境规制强度。②综合指数法。相较于单一指标，综合指标可以从多个维度对环境规制进行考察，避免衡量结果过于片面，进而达到增强现实解释力的目的。多数研究利用多种污染物指标测算环境规制强度。例如，Cees和Jeroen（1997）采用1990年受污染面积占国土面积比、无铅汽油国内市场占有率、纸张回收率、玻璃回收率等指标，利用排序赋值法测得环境规制综合强度；黄清煌和高明（2016）通过工业废水达标率、二氧化硫去除率、烟（粉）尘去除率以及固体废弃物综合利用率构成环境规制综合指标体系，测算得到各省份环境规制强度；黄和平等（2022）基于生活污水处理率、生活垃圾无害化处理率以及固体废弃物利用率三个指标，采用熵权法综合测度了环境规制强度；李治国等（2022）采用工业二氧化硫去除率、工业化学需氧量去除率、工业固体废弃物综合利用率、生活垃圾无害化处理率以及污水处理率等指标，同时结合数值标准化和熵值法测度环境规制强度。部分研究对整个环境规制的流程进行综合测度，Sauter（2014）环境规制是一个包含投入与产出的综合过程，认为应从投入、过程和结果三方面综合测度环境规制强度；Dam和Scholtens（2012）按照此思路，运用因子分析法测算环境规制强度。

其次，有文献将环境规制分成不同类型进行分析。对环境规制的划分大致分为以下三类：一是采用经济合作与发展组织（OECD）的分类方法，将环境规制类型划分为命令控制型、市场激励型以及公众参与型。例如，张江雪等（2015）采用我国省级面板数据测算了命令控制型、市场激励型以及公众参与型这三类环境规制对工业绿色增长指数的影响。在命令型环境规制指标的选取方面，通常采用环境行政处罚案件数（彭星和李斌，2016；王云等，2020）、当年完成环保验收项目数（薄文广等，2018）、环保法规数量（李永友和沈坤荣，2008；熊航等，2020）等指标予以衡量。市场激励型环境规制指政府部门利用市场手段（排污费、排污权交易、税收等），激励污染排放企业进行绿色技术创新，从而将企业的外部费用内部化，最终达到降低环境污染的目的。通常采用排污费征收额（王红梅，2016；李强和王琰；2019）予以衡量；公众参与型环境规制建立在企业自愿参与的基础上，反映了企业自发参与环境保护的参与度，一般不具备强制性。这种规制手段在我国运用尚不成熟，公众参与的水平差异较大，并且受到诸多立法限制，目前仅有环境投诉、环境问题上访等途径。通常采用环境污染信访信件数（牛丽娟，2016）、电话/网络投诉办结数（黄新华和于潇，2018）或各地区环境部门接待来访批次（曾倩，2018）予以衡量。二是将环境规制分为投资型和费用型。投资型环境规制与费用型环境规制分别从长期和短期视角出发，前者能形成固定资金，后者未能形成固定资金（原毅军和刘柳，2013）。例如，张平等（2016）实证考察了投资型和费用型环境规制对企业技术创新的影响，探讨了不同类型环境规制的“波特效应”；通常用“污染治理投资额”来反映投资型环境规制的长期影响，用“排污费征收额”来反映费用型环境规制的短期影响（张平等，2016）。三是将环境规制分为正式环境规制（显性环境规制）和非正式环境规制（隐性环境规制）。正式环境规制即上面提到的命令控制型、市场激励型及公众参与型三类环境规制，非正式环境规制主要为环境保护意识（弓媛媛，2018）。非正式环境规制通常用议会选举投票率（Bishwanath and Nandini，2004）、污染事件的媒体曝光率（Vinish，2006）等指标予以衡量。

最后，还有文献从“准自然实验”的角度测算环境规制。考虑传统的环境规制测量指标存在较强的内生性，由此容易造成评估结果的偏误。而采用

“准实验”的手段可以在一定程度上避免内生性，因此近年来有不少研究开始从“准实验”的角度考察环境规制的政策效应。在命令控制型环境规制中，现有文献多集中在对“两控区”、清洁生产标准、《中华人民共和国环境保护法》等政策的评估。围绕“两控区”政策，熊波和杨碧云（2019）采用DID证实了“两控区”政策对二氧化硫的促降作用；Cai等（2016）以我国在1998年实施的“两控区”政策为切入点，深入探讨了“两控区”政策对外商直接投资的影响，发现严格的环境规制限制了外商直接投资；Chen和Cheng（2017）利用企业微观数据证实了“两控区”政策显著抑制了污染企业工业活动；高雪莲等（2019）证实了“两控区”政策的产业结构优化作用。围绕清洁生产标准，韩超和胡浩然（2015）以自2003年起，中国陆续实施的56项清洁生产标准为“准自然实验”，应用倾向得分匹配—双重差分法（PSM-DID）研究了环境规制对全要素生产率的动态影响；龙小宁和万威（2017）进一步检验了清洁生产标准的“波特效应”；张彩云等（2017）探讨了清洁生产标准的就业效应。以2014年中国实施的新《环境保护法》为准自然实验，学者们探讨了其对企业融资（Liu et al.，2018）、企业环境信息披露质量（郑建明和许晨曦，2018）、企业环保投资（崔广慧和姜英兵，2019）以及企业现金持有（Zhang和Cheng，2022）的影响。围绕市场交易型环境规制，现有文献多集中在对“排污权交易”“碳排放权交易”等政策效应的评估。如齐绍洲等（2018）基于我国上市公司绿色专利数据，检验了排污权交易对企业绿色创新的“诱导效应”；傅京燕等（2018）则从“准实验”角度刻画了排污权交易与绿色发展之间的因果关系。还有文献从碳减排（Zhang et al.，2020；Wen et al.，2021）及能源效率（Li et al.，2021；Hong et al.，2022）角度验证了其政策有效性。而对于公众参与型环境规制，少数研究以2008年中国城市污染源监管信息公开指数（PITI）的公开作为“准自然实验”，研究了环境信息公开与企业二氧化硫减排（Shi et al.，2021）以及生态效率（谢云飞和黄和平，2022）之间的因果关系。

2.3.2 环境规制对碳生产率的影响

既有文献因研究样本、研究区间、研究方法以及规制工具上的差异，围绕环境规制与碳生产率之间的因果关系大致可分为以下三类：促进作用、抑制作用以及非线性影响。

2.3.2.1 环境规制对碳生产率的促进作用

一些学者支持“创新补偿说”，认为就实际生产情况来看，企业的生产技术水平等并非一成不变，应该用动态的视角去看待产业发展，政策制定者通过实施合理的环境规制能够有效刺激企业技术创新，并通过“创新补偿”效应来弥补早期因实施环境规制而增添的附加成本（Porter and Linde，1995），进而提升企业市场竞争力与碳生产率。例如，王艳丽和王根济（2016）以我国省际工业面板数据为例，通过动态面板模型实证分析得出，环境规制强度的增加有利于提高碳生产率，并且工业部门结构变动对碳生产率提升有显著阻碍作用；Zhang 和 Xu（2016）利用中国 35 个工业行业面板数据，综合采用固定效应、随机效应和工具变量两阶段最小二乘法实证考察了环境规制与技术进步对碳生产率的促进作用；李小平等（2016）基于省级面板数据，重点考察了环境规制与创新驱动对碳生产率的正向影响；王康（2019）基于不同类型环境规制，发现命令控制型环境规制和市场激励型环境规制显著促进了碳生产率，而公众参与型环境规制对碳生产率的影响甚微；Gao 等（2019）通过 Malmquist 估算出我国 21 个主要工业行业的碳生产率指数，进一步得出环境规制对中国主要工业行业碳生产率有显著促进作用。

2.3.2.2 环境规制对碳生产率的抑制作用

部分学者支持“遵循成本说”，认为环境规制增加了企业环境治理成本，挤占了研发投入（Kneller and Manderson，2011），不利于企业竞争力与碳生产率的提升。如雷明和虞晓雯（2013）以工业污染治理投资完成额和排污费征收额作为环境规制的代理变量，发现环境规制不利于低碳全要素生产率增长；张华（2014）从地方政府竞争视角出发，认为地方政府竞争引发了环境规制竞争的“逐底效应”“绿色悖论”现象，进而加剧了碳排放，不利于碳生产率的提升。

2.3.2.3　环境规制对碳生产率的非线性影响

还有一些学者基于 Grossman 和 Krueger（1991）提出的环境库兹涅茨曲线理论，认为环境规制与碳生产率之间还可能存在非线性影响。例如，刘传江等（2015）以我国省际面板数据为例，发现环境规制与碳生产率之间存在“U”形关系，碳生产率的环境库兹涅茨曲线在全国及东、中、西部地区均得到了验证；李珊珊和罗良文（2019）通过省级面板数据研究发现，随着技术创新水平、产业结构水平以及环境分权水平的调整，环境规制与碳生产率之间呈现出“V”形、倒“V”形和倒“V”形特征；Hu 和 Di（2020）研究发现，随着环境规制由弱变强，其对局部地区碳生产率的影响会由负转正，并且相邻地区也会出现类似的影响。

2.3.3　环境规制对其他因素的影响

环境规制作为一种常见的环境治理手段，对经济系统内的其他变量可能产生影响，并进一步影响碳生产率。其中，产业结构、技术创新以及能源结构是其中的典型机制变量，下文重点梳理了环境规制与上述三种典型机制变量之间的因果关系。

2.3.3.1　环境规制对产业结构的影响

产业结构调整是影响碳排放的重要因素，同样也是环境规制作用的主要对象。通过对现有文献的梳理，不难发现，大部分文献均支持环境规制可以起到倒逼产业结构调整的作用。按照“遵循成本说”，环境规制会增加企业内部成本，而企业必然通过对产品结构的调整、管理模式的优化以及生产技术的改进等手段来抵消上涨的成本，由此驱动产业结构的调整（原毅军和谢荣辉，2014）。钟茂初等（2015）认为，环境规制导致污染型企业的生产要素价格上涨，进而驱动污染企业转移和本地企业转型升级，导致产业结构朝着低碳化方向调整。郑加梅（2018）进一步研究发现，环境规制可以从以下三条途径促进产业结构调整：一是淘汰污染密集型产业，壮大服务业；二是形成绿色壁垒，限制污染密集型产业扩张，鼓励清洁型产业发展；三是通过以服务业为代表的清洁产业的绿色比较优势，不断提高服务业比重，进而优化产业结构。还有研究从产业结构高级化和产业结构合理化两个维度衡量产业结构调整，如杨骞等（2019）采用空间杜宾模型探讨了环境规制与产业结构高级化以及产业结构合理化的关系，从直接效应来看，环境规制对产业结构高级化以及产业结构合理化均具有显著促进作用，从溢出效应来看，环境规制对产业结构合理化有正向溢出作用，对产业结构高级化有负向溢出效应。

2.3.3.2 环境规制对技术创新的影响

围绕环境规制与技术创新的研究，现有文献主要分成以下三种：促进论、抑制论以及非线性论。

促进论主要基于“波特假说”，该理论认为企业的生产技术水平等并非一成不变，应该用动态的视角去看待产业发展，政策制定者通过实施合理的环境规制能够有效刺激企业技术创新，并通过“创新补偿”效应来弥补早期因实施环境规制而增添的附加成本（Porter and Linde，1995）。学者们的观点基本一致，都认为环境规制可以引发企业研发投入的增加，进而带动技术创新（Ford et al.，2014；曾义等，2016）。苗苗等（2019）还发现在环境规制倒逼企业技术创新的过程中，融资约束起到部分中介的作用。抑制论主要依据“遵循成本说”，例如，伍格致和游达明（2018）采用空间自回归模型研究发现，命令控制型及市场激励型环境规制的直接效应和总效应均抑制技术创新。非线性论是指环境规制与技术创新之间还可能存在非线性关系。例如，张娟等（2019）从宏观和微观两个维度证实了环境规制与绿色技术创新之间呈倒“U”形关系。林春艳等（2019）利用城市面板数据，实证得出环境规制与绿色技术创新之间存在先抑制后促进的正“U”形关系。

2.3.3.3　环境规制对能源结构的影响

现有文献大多认为，环境规制能够优化能源结构。从宏观上来看，环境规制政策的实施强制要求相关部门减少传统化石能源消耗，增加清洁能源占比（Guo et al.，2021）。从微观上来看，一方面，高碳企业作为重点管制企业，出于利益最大化考虑，迫切需要通过降低煤炭消耗比重，提高清洁能源使用占比的方式对能源结构进行优化（徐军委等，2022）；另一方面，在碳配额总量限制下，高碳企业在生产过程中若超过了规定的碳排放配额，为维持企业正常生产，需要花费额外的成本去碳交易市场购买清洁企业节省的碳配额，在这种额外的成本压力下，高碳企业往往也会采取降低传统化石能源消耗，改用清洁能源的手段以缩减成本。也有少数文献认为，环境规制并未提升能源效率。例如，尤济红和高志刚（2013）以新疆为例，发现政府环境规制并未显著提升新疆能源效率，可能的原因在于环境规制措施较难落实，企业在清洁技术上投入的动力不足。还有部分文献认为环境规制与能源消耗之间存在非线性关系。例如，周肖肖等（2015）从技术进步和结构变迁视角出发，得出环境规制与能源消耗之间的关系为倒“U”形，即环境规制强度只有在超越一定门槛时才能起到降低能耗的效果。

2.4 碳生产率相关文献综述

2.4.1 碳生产率的定义与测算

2.4.1.1 单要素碳生产率的定义与测算

单要素碳生产率通常用一段时间内的国内生产总值与同期碳排放的比值表示（Kaya and Yokobori，1997），反映了单位碳排放所产生的经济效益。在碳减排约束下，碳排放空间是比资本、劳动、土地等更为稀缺的生产要素。未来的竞争不再是劳动力、石油等传统生产要素的竞争，而是碳生产率的竞争（潘家华等，2010）。它可以将碳减排与经济增长进行有机结合，是各国尤其是发展中经济体评估低碳增长绩效的重要指标（Zhou et al.，2020）。碳生产率是推动经济绿色高质量发展的关键（王许亮等，2020）。此外，与单要素碳生产率相对的一个概念是碳排放强度，碳排放强度是一段时期内碳排放量与国内生产总值的比值。不难看出，碳生产率与碳排放强度在数学上具有互为倒数的关系。

单要素碳生产率计算简便，反映的是单一投入与产出之间的比例关系。在具体测算时，通常用碳排放量与经济产出的比值予以衡量。例如，大多数文献都会采用联合国政府间气候变化专门委员会（IPCC）的方法计算出省级层面的能源消耗碳排放量，再利用碳排放量与平减后的 GDP 的比值表示碳生产率（林善浪等，2013；黎新伍等，2022）。还有学者用类似的方法计算出农业碳生产率（程琳琳等，2016；张哲晰和穆月英，2019；Xu et al.，2022）、工业碳生产率

（任晓松等，2021）以及服务业碳生产率（王许亮等，2020）等。

2.4.1.2　全要素碳生产率的定义与测算

前文提到的单要素碳生产率反映了单位碳排放所产生的经济效益。然而单要素碳生产率仅仅考虑了经济增长与碳排放的关系，未考虑劳动、资本、能源等投入要素；全要素碳生产率则将碳排放、经济产出以及多种投入要素纳入同一框架，相较于单要素碳生产率，全要素碳生产率可以更全面地衡量低碳发展水平（Li et al.，2018）。全要素碳生产率的测度主要包含以下两类：一类是利用随机前沿分析法，如赵国浩和高文静（2013）利用随机前沿分析法测算了中国工业部门的广义碳生产率，并对其整体变化趋势及分解情况进行了分析；张成等（2015）通过随机前沿成本函数将碳生产率的两个关键因素（碳排放和 GDP）分解成各自的外部环境效率、内部管理效应以及随机偏差效应；程琳琳等（2019）利用随机前沿生产函数测算农业碳生产率，并探讨了城镇化对农业碳生产率的空间溢出效应。但该方法需要人为设定具体的生产函数，存在较强的主观性和局限性。另一类是采用数据包络分析（DEA）及其扩展方法（Bai et al.，2019；王勇和赵晗，2019；王少剑等，2020），相较于随机前沿分析法，DEA 无需设定具体函数，目前已成为学术界测度全要素碳生产率的常用方法（Wang et al.，2020）。例如，杨翔等（2015）通过松弛的方向性距离函数以及全局 Malmquist-Luenberger 指数测算中国 26 个制造业的全要素碳生产率，并对其收敛性进行了考察；刘传江和赵晓梦（2016）同样利用 Malmquist 指数对长江经济带的全要素碳生产率进行了测度，并分析了其时空演变特征；袁润松等（2016）利用基于方向距离函数的 SBM 模型测算了全国及东、中、西部的全要素碳生产率。

2.4.2　碳生产率的影响因素

在“双碳”目标的大背景下，推动经济社会绿色低碳发展是当前的主要目标。绿色低碳发展一方面有赖于经济活动放缓导致的碳“减排”，另一方面得益于经济效率改善引起的碳“增效”。这里的碳“增效”，即提高全要素碳生产率。学术界对驱动全要素碳生产率的影响因素进行了全面探讨，主要影响因素涉及人口因素、产业结构、技术创新、能源效率、经济发展程度、城镇化水平、对外贸易、政府干预、市场化程度等变量，并从不同尺度、不同行业、不同方法对全要素碳生产率的影响因素进行多维度考察。例如，袁长伟等（2017）基于省域交通运输行业全要素碳生产率的研究发现，人口规模的增加导致社会经济活动及出行需求上涨，并造成能源消耗及碳排放的增加，进而降低全要素碳生产率。刘婕和魏玮（2014）在利用随机前沿模型测算碳生产率的基础上，进一步发现城镇化率与碳生产率之间存在“U”形的非线性关系。宋文飞（2021）利用双边随机前沿模型实证考察了外商直接投资影响碳生产率的双边效应，研究发现外商直接投资对碳生产率的抑制效应小于其促进效应，综合效应为正。李锴和齐绍洲（2018）基于倾向得分匹配法的“反事实”分析发现，贸易开放地区要比贸易封闭地区的全要素碳生产率高 0.692~1.009。

2.5 文献述评

梳理现有文献不难发现，国内外学者对于环境规制与碳生产率的因果关系展开了丰富探讨，并为本书的后续研究奠定了良好的基础。但现有研究仍存在以下几点可拓之处：

第一，当前大多数学者对于全要素碳生产率的研究主要集中在对其影响因素分析，且多从结构和技术角度切入，鲜有文献从制度角度对其影响因素进行剖析，制度因素对低碳发展的影响可能更持久；第二，在讨论环境规制与全要素碳生产率的因果关系时，既有研究多采用传统指标衡量环境规制，而这类指标往往具有较强的内生性，可能导致回归结果存在一定误差；第三，现有关于环境治理政策选择方面的研究文献，多是以一种环境政策为研究对象，较少有文献从不同参与主体视角考察异质性环境规制对全要素碳生产率的影响。

本章小结

本章主要包含两方面内容：一方面是理论基础，此部分从外部性理论、产权理论、波特假说理论、环境规制理论以及低碳经济理论视角归纳总结了与论文相关的具体理论，本书在这些理论思想的指导下展开研究。另一方面是文献综述，在区域碳生产率及其测度、环境规制及其测度、环境规制对碳生产率的影响等几个方面对现有文献进行了全面梳理、归纳和述评。通过文献梳理，明确了本书的研究主题、切入点和思路，通过文献综述，展示了与本书主题相关研究的现状及对现有研究的理解，在此基础上推陈出新。

3 全要素碳生产率的测算及其时空演变特征

本章首先对全要素碳生产率的内涵进行界定，其次利用全局可参比 Super-SBM 模型测算 2005~2020 中国 30 个省份[①]的全要素碳生产率，进一步对各省份全要素碳生产率的时间变化趋势、空间分异、空间趋势、空间集聚以及重心演化轨迹进行分析。本章详细介绍了中国全要素碳生产率的测算方法，在科学构建全要素碳生产率投入、产出指标体系的基础上，测算中国 30 个省份全要素碳生产率，并探讨了全要素碳生产率的时空演变特征。

3.1 研究方法以及指标选取

3.1.1 全要素碳生产率测算方法

3.1.1.1 全局可参比 Super-SBM 模型

全要素碳生产率的测度主要包含以下两类：一类是利用随机前沿分析法

① 不包含西藏及港澳台地区。

（程琳琳等，2019），但该方法需要人为设定具体的生产函数，存在较强的主观性和局限性；另一类是采用数据包络分析（DEA）及其扩展方法（Bai et al.，2019；王勇和赵晗，2019；王少剑等，2020），相较于前一类方法，DEA 无需设定具体函数，目前已成为学界测度全要素碳生产率的常用方法（Wang et al.，2020）。

据此，本书采用 Tone（2002）提出的全局可参比 Super-SBM 模型对省域全要素碳生产率进行测算，假定有 n 个决策单元 DMU、m 种投入要素、q 种期望产出要素、w 种非期望产出要素，用 x_{ik}、y_{rk} 和 b_{tk} 表示这三类要素的向量形式，s_i^-、s_r^+ 和 s_t^{b-} 分别表示三类要素的松弛变量。在规模报酬可变（VRS）假设下，考虑非期望产出的 Super-SBM 模型的线性规划表达式为：

$$\min\rho = \frac{\frac{1}{m}\sum_{i=1}^{m}\frac{s_i^-}{x_{ik}}}{\frac{1}{q+w}\left(\sum_{r=1}^{q}\frac{s_r^+}{y_{rk}^g}+\sum_{t=1}^{w}\frac{s_t^{b-}}{b_{tk}^b}\right)} \tag{3-1}$$

$$\text{s. t.}\begin{cases}\sum\limits_{j=1,\ j\neq k}^{n} x_{ij}\lambda_j - s_i^- \leqslant x_{ik}\\ \sum\limits_{j=1,\ j\neq k}^{n} y_{rj}\lambda_j - s_r^+ \geqslant y_{rk}\\ \sum\limits_{j=1,\ j\neq k}^{n} b_{tj}\lambda_j - s_t^{b-} \leqslant b_{tk}\\ 1-\frac{1}{q+w}\left(\sum\limits_{i=1}^{q} s_r^+/y_{rk}+\sum\limits_{i=1}^{w} s_t^{b-}/b_{tk}\right) > 0\\ \lambda,\ s^-,\ s^+ >> 0,\ \sum\limits_{j=1,\ j\neq k}^{n}\lambda_j = 1\\ i=1,\ 2,\ \cdots,\ m;\ r=1,\ 2,\ \cdots,\ q;\ j=1,\ 2,\ \cdots,\ n(j\neq k)\end{cases} \tag{3-2}$$

其中，ρ 为全要素碳生产率。当 $\rho \geqslant 1$ 时，DMU 相对有效；当 $\rho<1$ 时，

DMU 相对无效。

3.1.1.2 投入与产出指标

投入指标包括劳动力投入、资本投入以及能源投入；产出指标包含期望产出和非期望产出两类。具体如下：①劳动投入。用各省份年末单位从业人数表示。②资本投入。参考单豪杰（2008）的做法，采用永续盘存法计算的各省市固定资本存量表示，相关计算公式如下：$K_{it}=K_{it-1}\times(1-\delta_{it})+I_{it}$，$I$ 为固定资产形成总额，K 为资本存量，δ 为折旧率，取值为 10.96%。③能源投入。用各省份的能源消费总量表示。④期望产出。选取各省份的实际 GDP 表示。⑤非期望产出。用各省份的碳排放表示。其中，城市生产总值和固定资产投资均根据相应价格指数以 2005 年为基期进行平减。

关于碳排放的测算，本书参考 Shan 等（2018）和谢云飞（2022）的测算方法，构建中国 30 个省份的二氧化碳排放清单的时间序列，清单主要包括与能源消耗有关的碳排放量①和与过程有关的碳排放量②。同时遵循 IPCC 的排放会计方法，相关计算公式如下：

$$CE_{ij}^{a}=EC_{ij}\times NCV_{i}\times CC_{i}\times O_{i} \tag{3-3}$$

$$CE_{it}^{b}=EC_{it}\times EF_{it} \tag{3-4}$$

$$CE=CE^{a}+CE^{b} \tag{3-5}$$

式（3-3）为与能源消耗有关的碳排放量，其中，CE_{ij}^{a} 代表 j 地区第 i 种化石燃料的碳排放量；EC_{ij} 代表 j 地区第 i 种化石燃料的消耗量；NCV_i 表示第 i 种化石燃料的低位发热量；CC_i 表示 *IPCC* 提供的碳排放系数；O_i 为碳氧化因子。

式（3-4）为与过程相关的碳排放，指生产过程中由于物理化学反应所

① 与能源消耗相关的碳排放主要来自于农、林、牧、渔，以及水利业、采矿业、石油和天然气开采业等 47 个社会经济部门所消耗的原煤、洗精煤、其他洗煤、焦炉煤气等 17 种主要化石燃料。

② 与过程有关的碳排放主要来自于水泥生产。

产生的二氧化碳。考虑到数据的限制，同时水泥生产造成的二氧化碳排放约占生产过程中二氧化碳总量的75%（Shan et al.，2018），本书主要计算与水泥生产相关的碳排放量，如式（3-4）所示，CE_{it}^{b} 为由水泥生产所产生的二氧化碳；EC_{it} 为水泥生产量，EF_{it} 为对应的水泥碳排放系数。通过将与能源消耗有关的碳排放以及与过程有关的碳排放相加即可得到各省份的碳排放量［见式（3-5）］。

3.1.2 Kernel 密度估计

Kernel 密度估计作为一种非参数估计方法，可用于描述变量的分布形态，且在估计过程中对模型的依赖性较弱，其已成为变量动态演进研究的常用手段（王晶晶等，2021）。故本书通过 Kernel 密度估计揭示中国全要素碳生产率的分布位置及形态等动态演进特征，计算公式如下所示：

$$f(x)=\frac{1}{Nh}\sum_{i=1}^{N}K\left(\frac{X_i-\bar{x}}{h}\right) \tag{3-6}$$

其中，$f(x)$ 为 Kernel 密度估计值；N 为观测值个数；X_i 为独立同分布的观测值；$\bar{x}$ 为观测值均值；h 为带宽；$K(\cdot)$ 为核密度函数，选择常用的 Epanechnikov 核函数。

3.1.3 趋势面分析

趋势面分析通过全局多项式将空间采样点通过数学函数进行拟合，将二维平面的采样点数据转换成三维可视化平滑曲线，进而展现地理要素在空间上的变化趋势。本书通过趋势面分析展示中国全要素碳生产率的空间分异趋势。假设 Z_i（x_i，y_i）为第 i 个地理要素的真实观测值，T_i（x_i，y_i）为相应的趋势面拟合值，则存在以下公式（荣慧芳和陶卓民，2020）：

$$Z_i(x_i, y_i) = T_i(x_i, y_i) + \varepsilon_i \tag{3-7}$$

式（3-7）中，(x_i, y_i) 为地理坐标，ε_i 为残差项。

3.1.4　空间自相关

本书采用探索性空间数据分析（ESDA）对中国各省份的全要素碳生产率的空间相关性及空间集聚特征进行探讨。空间自相关主要包括全局空间自相关和局部空间自相关。

3.1.4.1　全局空间自相关

通过全局空间自相关考察中国全要素碳生产率的空间关联性，通常采用 Moran's I 指数来衡量，取值范围在-1～1，Moran's I 取值越接近 1 说明呈现显著的正相关，Moran's I 取值越接近-1 说明呈现显著负相关。具体计算公式如下所示：

$$I_{全局} = \frac{n\sum_{i=1}^{n}\sum_{j=1}^{n}\omega_{ij}(x_i - \bar{x})(x_j - \bar{x})}{\sum_{i=1}^{n}\sum_{j=1}^{n}\omega_{ij}\sum_{i=1}^{n}(x_i - \bar{x})^2} \tag{3-8}$$

式（3-8）中，n 为 30 个省份（不包含西藏及港澳台地区）数量；ω_{ij} 代表空间权重；x_i 和 x_j 分别为 i 省和 j 省的全要素碳生产率；$\bar{x}$ 为 30 个省（不包含西藏及港澳台地区）全要素碳生产率的平均值。

3.1.4.2　局部空间自相关

局部空间自相关可以弥补全局自相关对空间非典型特征研究的不足，并揭示全要素碳生产率空间关联的局部相似性及差异性。具体计算公式如下：

$$I_{局部} = \frac{n(x_i - \bar{x})\sum_{j=1}^{n}\omega_{ij}(x_j - \bar{x})}{\sum_{i=1}^{n}(x_i - \bar{x})^2} \tag{3-9}$$

式（3-9）中，当 $I_{局部}$ 大于 0 时，说明相邻地区之间呈现正的空间自相关，具体表现为“高高集聚”或“低低集聚”，相邻地区全要素生产率存在高（低）集聚；当 $I_{局部}$小于 0 时，表明相邻地区之间呈现出负的空间自相关，具体表现为“高低集聚”或“低高集聚”，较高（低）全要素碳生产率地区被较低（高）全要素碳生产率地区包围。

3.1.5 重心迁移模型

在物理学中，重心指代空间存在的某一点，从该点出发的各个方向的作用力能保持相对均衡。重心概念也常常被应用到经济地理学中，用来揭示经济概念的空间演变特征（陈万旭等，2019）。由于各地区不同年份经济发展水平、能源消耗及碳排放存在差异，故全要素碳生产率重心也将发生动态迁移。本书利用重心迁移模型考察中国全要素碳生产率的动态空间演变，利用各地区全要素碳生产率及地理坐标来表示全要素碳生产率重心。具体计算公式如下：

$$X_i = \frac{\sum_{i=1}^{n} E_i \times x_i}{\sum_{i=1}^{n} E_i} \tag{3-10}$$

$$Y_i = \frac{\sum_{i=1}^{n} E_i \times x_i}{\sum_{i=1}^{n} E_i} \tag{3-11}$$

式（3-10）和式（3-11）中，X_i 和 Y_i 分别为全国全要素碳生产率重心所在的经纬度。假设区域由 n 个子区域组成，E_i 为第 i 个子区域内全要素碳生产率的量值。区域全要素碳生产率重心迁移距离可用如下公式表示：

$$D_p-D_q=K \cdot \sqrt{(Y_p-Y_q)^2+(X_p-X_q)^2} \tag{3-12}$$

式（3-12）中，D_p-D_q 代表 q 年到 p 年重心迁移的距离；（X_p，Y_p）和（X_q，Y_q）分别表示 p 年和 q 年全要素碳生产率所在的地理坐标；K 为空间地

理坐标与平面距离之间的转换系数，通常取值为 111.111（涂建军等，2018）。

3.2 全要素碳生产率的时间特征分析

3.2.1 全要素碳生产率总体及分区域变化趋势

由图 3-1 可知，全国及各区域全要素碳生产率整体呈波动上升趋势。全国与东部地区全要素碳生产率变化趋势较为相似，在 2014 年之前，全国全要素碳生产率比较稳定，数值接近 0.5，但在 2014 年之后出现较为明显的增长，其值由 2014 年的 0.5005 增至 2020 年的 0.6459，年均增长率为 4.34%。东部全要素碳生产率在 2014 年之前围绕 0.6 小幅度波动，在 2014 年之后则出现明显增长，数值由 2014 年的 0.6404 增至 2020 年的 0.9002，年均增长率达到 5.84%。中部全要素碳生产率在 2014 年之前呈逐年下降趋势，由 2005 年的 0.4938 下降至 2014 年的 0.4189，随后呈逐年递增趋势，并在 2020 年增至 0.5522，中部地区全要素碳生产率整体变化趋势呈“V”形。西部地区全要素碳生产率在 2013 年之前一直在 0.4 以下小幅度波动，2013 年之后开始逐年上升，上升幅度为 12.25%。不难发现，大部分区域的全要素碳生产率在 2014 年之前均呈相对平稳或小幅度下降趋势，但在 2014 年之后均出现了不同幅度的增长，这可能与我国实施的碳排放权交易试点政策密切相关，该政策于 2011 年正式发布，并在 2013 年碳交易市场同步上线。碳排放交易试点政策通过市场机制促进碳排放的减少和全要素碳生产率的提升。具体而言，碳排放权交易试点政策的实施，使碳排放成为一种稀缺资源，企业为了获得更多的碳排放权，不得不采取更加高效的碳排放方式，从而提高了全要素碳生产率。

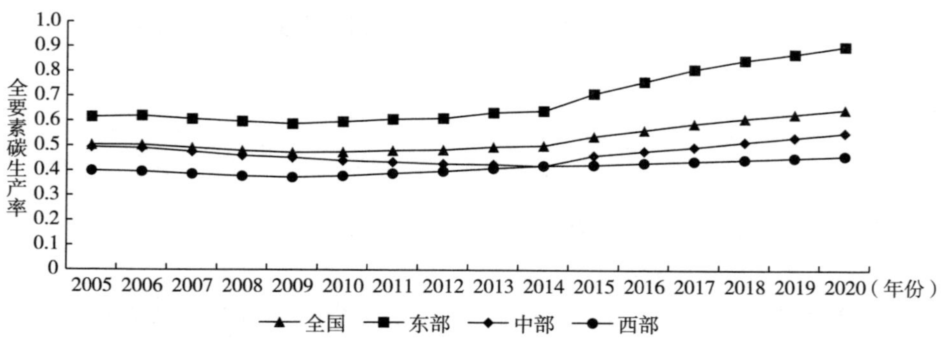

图 3-1　2005~2020 年全国及东中西部地区全要素碳生产率变化趋势

此外，从全国与各区域的对比来看，全要素碳生产率整体表现为东部>全国>中部>西部，东部地区全要素碳生产率高于全国及中西部地区，而中部和西部全要素碳生产率低于全国水平。2014 年之后，东部地区与中西部地区全要素碳生产率的差距不断扩大。东部地区整体经济发展程度较高，产业布局更加合理，且具备更先进的低碳生产技术，因而引领着全国的低碳发展。相较于东部地区，中西部地区往往经济发展比较缓慢，对传统资源的依赖度较高，能源利用效率偏低，因而全要素碳生产率处在一个较低的水平（谢云飞，2022）。总体来看，中部和西部的全要素碳生产率水平还存在较大的提升空间。

从中国 30 个省份的全要素碳生产率情况来看（见表 3-1），山西、辽宁、黑龙江、广西、海南、云南、甘肃、宁夏、新疆全要素碳生产率年均增长率为负，其余地区全要素碳生产率年均增长率均为正，说明全国整体低碳发展

趋势向好。全国全要素碳生产率均值为 0.5289，超过全国平均水平的地区有 12 个，东部地区有北京、天津、上海、江苏、浙江、福建、山东、广东和海南，中部地区只有黑龙江和湖北，西部地区只有青海。位于全国平均水平以下的地区有 18 个，以中西部地区为主，这进一步表明我国全要素碳生产率呈现由东部向中西部递减的格局。综合来看，全要素碳生产率均值较高的地区其年均增长率也相对较高，说明我国存在地区低碳发展不平衡现状，且这种差距还将持续扩大。

表 3-1　中国 30 个省份的全要素碳生产率

地区	均值	年均增长率	地区	均值	年均增长率
北京	0.6900	0.0599	河南	0.4078	0.0075
天津	0.6847	0.0348	湖北	0.6539	0.0418
河北	0.3847	0.0110	湖南	0.5067	0.0090
山西	0.2637	−0.0159	广东	0.9909	0.0096
内蒙古	0.3329	0.0019	广西	0.4708	−0.0030
辽宁	0.5027	−0.0154	海南	0.5711	−0.0152
吉林	0.4168	0.0063	重庆	0.4635	0.0375
黑龙江	0.5845	−0.0195	四川	0.5139	0.0294
上海	0.8819	0.0371	贵州	0.2663	0.0001
江苏	0.8393	0.0473	云南	0.3366	−0.0051
浙江	0.6223	0.0411	陕西	0.3100	0.0036
安徽	0.4624	0.0037	甘肃	0.3347	−0.0070
福建	0.8269	0.0239	青海	0.8218	0.0409
江西	0.4821	0.0095	宁夏	0.3599	−0.0245
山东	0.5712	0.0318	新疆	0.3131	−0.0248

资料来源：笔者计算所得。

3.2.2　全要素碳生产率的动态演进特征

为进一步了解我国全要素碳生产率的动态演进趋势，选取 2005 年、2010

年、2015 年及 2020 年进行核密度估计。图 3-2 展示了 2005 年、2010 年、2015 年及 2020 年的核密度曲线，横轴表示全要素碳生产率，纵轴表示核密度。从图 3-2 中可以看到，2005~2010 年，核密度曲线先向左移动；2010~2020 年，核密度曲线再向右缓慢移动，整体上核密度曲线有向右缓慢平移的趋势，说明我国全要素碳生产率呈逐渐上升态势。从核密度曲线的峰值变化来看，2005~2010 年，全国各省份的全要素碳生产率由“尖峰型”逐渐转为“宽峰型”，说明随着时间的推移，各省份的全要素碳生产率分化差异不断扩大。从核密度曲线的形状来看，除 2020 年各省份的全要素碳生产率表现为不明显的“双峰”模式，其余 3 个年份均表现为“单峰”模式。2005 年全要素碳生产率波峰集中分布在 0.45 左右，主要分布在北京、吉林、安徽、山东、河南、四川和宁夏；2010 年全要素碳生产率波峰集中分布在 0.38 左右，主要分布在吉林、重庆和宁夏；2015 年全要素碳生产率波峰集中分布在 0.4 左右，主要分布在河北、吉林、河南和广西；2020 年全要素碳生产率第一波峰集中分布在 0.5 左右，主要分布在辽宁、吉林、安徽、河南与海南，全要素碳生产率第二波峰集中分布在 1 左右，主要分布在天津、湖北、广东和青海。“双峰”模式也意味着区域间的全要素碳生产率存在不均衡现象。

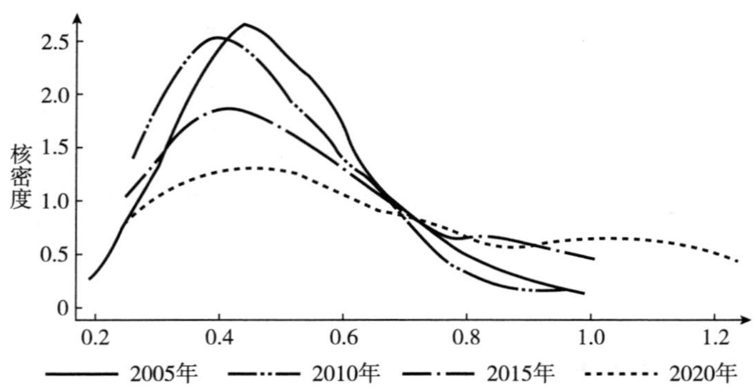

图 3-2　2005~2020 年全要素碳生产率的核密度估计

3.3 全要素碳生产率的空间特征分析

3.3.1 全要素碳生产率的空间分异特征

通过 ArcGIS10.8 软件中的自然间断点分级法，将全要素碳生产率划分为5个等级。2005年，全要素碳生产率最高的省份为广东（0.9221），全要素碳生产率较高值主要分布在广东、福建和黑龙江。2010年，全要素碳生产率最高的省份是广东（0.9758），全要素碳生产率较高值主要分布在广东和上海。2015年，全要素碳生产率最高的省份是广东（1.0074），全要素碳生产率较高值主要分布在广东、青海、上海、江苏、福建和北京。2020年，全要素碳生产率最高的省份是江苏（1.2375），全要素碳生产率较高值主要分布在江苏、上海、福建、北京和广东。不难发现，广东的全要素碳生产率在大多数年份都保持在最高水平。可能的原因是，广东地处沿海，经济发展较快，依托区位及资金优势，不断改善产业结构，并积极引进绿色技术，倒逼企业向绿色、低碳的可持续发展方向转型，因此广东地区的全要素碳生产率较高且稳步提升。而山西作为典型的资源型省份，经济发展相对落后，而山西省内丰富的煤炭资源也决定了该地区经济发展将长期依赖高投入、高能耗、低产出的粗放发展模式，这也必然导致其全要素碳生产率位于全国较低水平（王勇和赵晗，2019）。

整体来看，中国全要素碳生产率空间分异特征明显。分东中西部来看，不同区域全要素碳生产率呈现出东部>中部>西部的空间分异特征，相较于中西部地区，东部地区在要素集聚、创新水平、产业结构及市场环境等方面更具优势，更有利于全要素碳生产率的提升；分南北来看，不同区域全要素碳生产率呈现出南方>北方的空间分异特征。这是因为北方主要以火力发电为主，尤其是冬季供暖时化石燃料的燃烧会产生大量二氧化碳，且北方以重工业为主，受到资源禀赋及经济发展方式的限制，能源结构转型速度相对迟缓，导致全要素碳生产率处于较低水平。

3.3.2 全要素碳生产率空间趋势面分析

明确中国全要素碳生产率的空间趋势变化有助于整体把握全要素碳生产率格局演化的过程。对各省份全要素碳生产率进行趋势面分析得到图 3-3，图中与 Z 轴平行且垂直于 XY 平面的线段高度代表全要素碳生产率的大小，线段与 XY 平面的交点为各省所在地理位置，图中左侧深色小点与右侧浅色小点分别为竖直线段在东西向和南北向的正交平面上的投影，将这些点进行拟合可得到全要素碳生产率在东西向及南北向上的趋势线。由图 3-3 可知，2005 年、2010 年、2015 年及 2020 年我国全要素碳生产率拟合趋势线在东西向上（图 3-3 中左侧浅色拟合线），均表现为前半段较平缓，而后半段出现明显的上升趋势。这表明 2005~2020 年，我国东部地区全要素碳生产率明显高于中西部地区全要素碳生产率，这与前文分析结果保持一致。而南北向上的趋势线在 2005 年和 2010 年均呈现出较明显的“U”形（图 3-3 中右侧深色拟合线），且曲线左半段最高点低于右半段最高点，说明 2005 年和 2010 年，全要素碳生产率的空间变化趋势为：中部最低，南部高于北部。2015 年，全要素碳生产率拟合曲线在南北向上，略呈倒“U”形，说明与 2005 年和 2010 年相比，中部地区全要素碳生产率略微超过了北部及南部。2020 年，全要素碳生产率拟合曲线在南北向上，呈现出略明显的倒“U”形，说明与

2015 年相比，中部地区全要素碳生产率与北部和南部全要素碳生产率的差距在不断扩大。通过以上分析可知，2005~2020 年，中国全要素碳生产率的空间趋势线基本保持“东高西低、南高北低”的趋势。具体来看，在东西向上，整体呈现出先较为平坦后迅速上升的趋势，东部明显高于中西部；在南北向上，表现为由“U”形趋势向倒“U”形趋势转变。

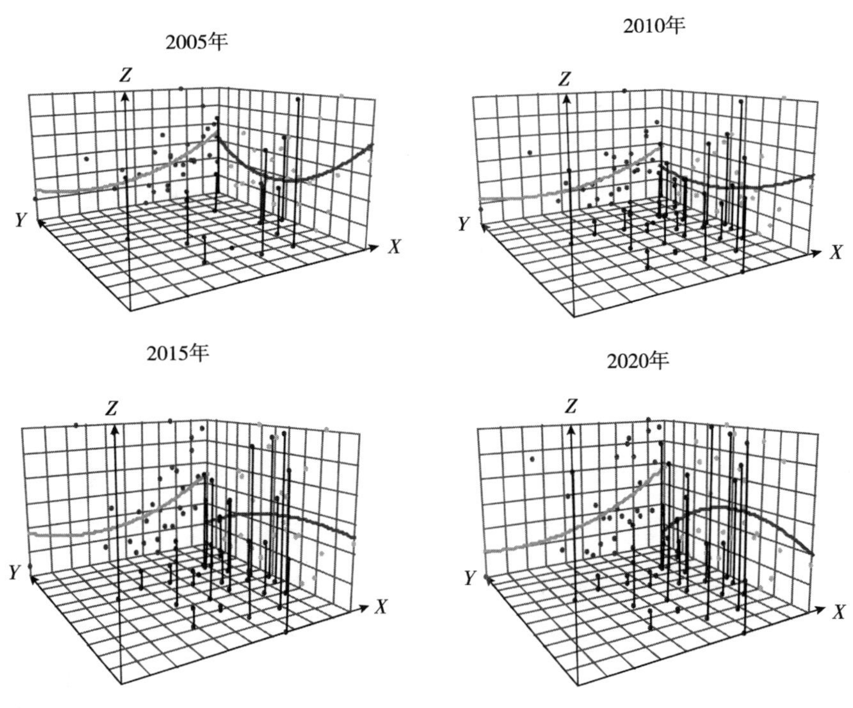

图 3-3 2005~2020 年中国全要素碳生产率趋势面分析

3.3.3 全要素碳生产率空间集聚特征分析

为探讨中国全要素碳生产率的空间集聚特征，本书采用空间自相关模型并结合 Stata14.0 软件绘制出中国全要素碳生产率 Moran's I 散点图（见图 3-4），其中横轴为空间单位标准化后的数值，纵轴为对应的滞后值。同时按照高高集聚（第一象限）、低高集聚（第二象限）、低低集聚（第三象限）和高低集聚（第四象限）分为四类集聚模式（程钰等，2019）。通过图 3-4 不难发现，中国全要素碳生产率的空间集聚性在不断增强，集聚效应主要分布在高高集聚（第一象限）和低低集聚（第三象限）。表 3-2 详细列出了 4 种集聚模式所包含的省份，高高集聚主要分布在上海、江苏、福建、广东等东部沿海地区，且与 2005 年相比，处于高高集聚的省份数量在逐渐增加。总的来看，2005~2020 年，处于高高集聚的省份在自身实现绿色低碳转型的同时具有辐射效应，集聚中心逐步由东部沿海向京津冀及内陆地区扩散。低低集聚主要分布在中部的部分地区（山西、河南）和西部的多数地区（内蒙古、重庆、四川、贵州、云南、陕西、甘肃、宁夏等），且处于低低集聚类型的省份数量最多。山西作为典型的资源型省份，其资源禀赋特征决定了该地区将长期依赖粗放型增长模式，由此限制了其低碳转型速度。河南有 7 个地级市和 8 个县级市被列入资源型城市，[①] 同样受到资源的牵制，产业转型及能源结构转型相对缓慢。针对西部来看，一方面，自 1999 年西部大开发战略启动以来，虽然西部省份经济逐渐繁荣，但也伴随碳排放的剧增（武红，2015）；另一方面，西部地区在资金支持、人力资本、技术引进方面处于明显劣势，限制了其产业调整及能源低碳转型，且东西发达地区的辐射作用有限，由此造成西部地区的全要素碳生产率增长缓慢，将长期处于低低集聚的局面。

---

① 根据国务院印发的《全国资源型城市可持续发展规划（2013—2020 年）》可知，河南省有三门峡、洛阳、焦作、鹤壁、平顶山、濮阳、南阳 7 个地级市，以及登封、新密、巩义、荥阳、灵宝、永城、禹州、安阳 8 个县级市被列入资源型城市名单。

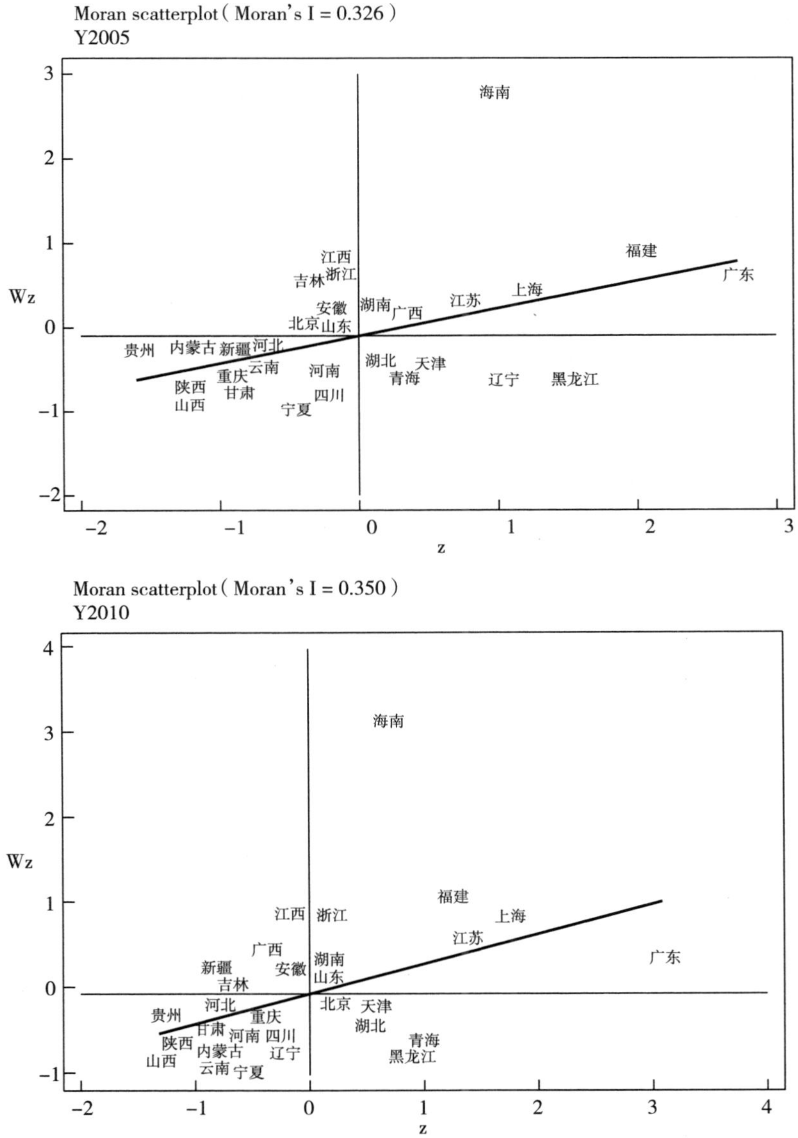

图 3-4　中国全要素碳生产率 Moran's I 散点图

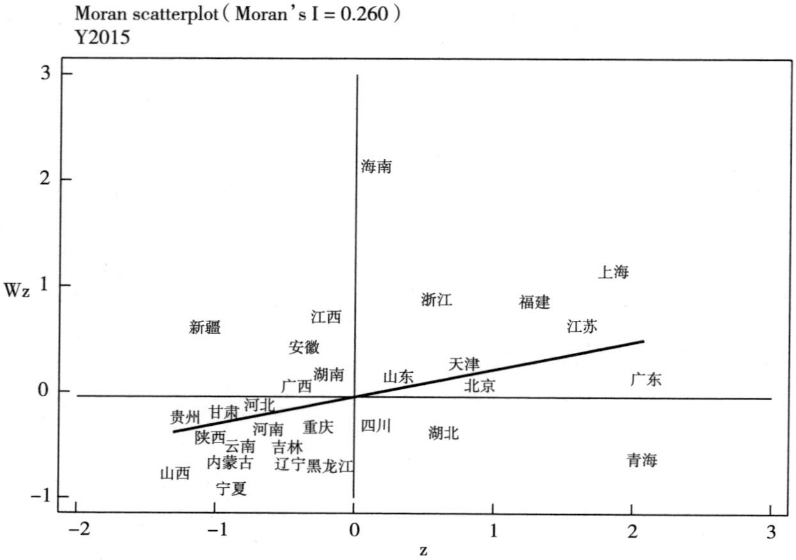

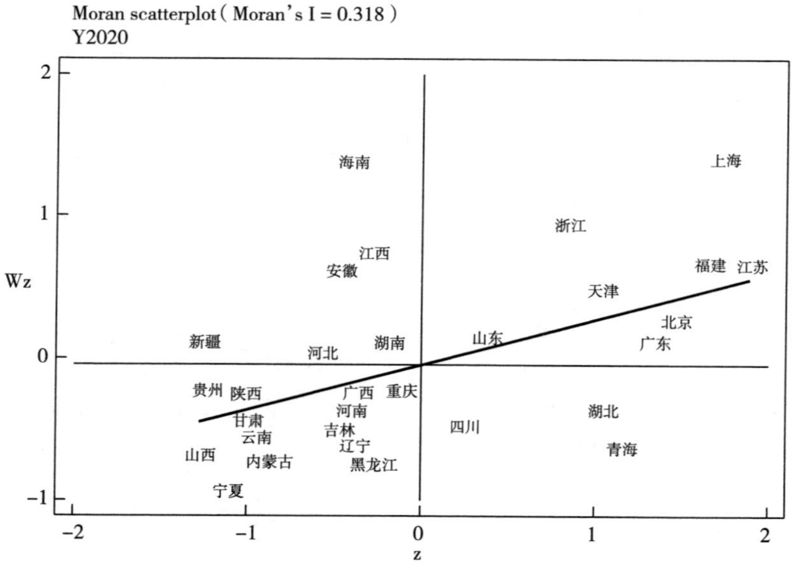

Moran scatterplot (Moran's I = 0.260)
Y2015

Moran scatterplot (Moran's I = 0.318)
Y2020

图 3-4　中国全要素碳生产率 Moran's I 散点图（续）

表 3-2 中国全要素碳生产率分类

年份	高高集聚（第一象限）	低高集聚（第二象限）	低低集聚（第三象限）	高低集聚（第四象限）
2005	上海、江苏、福建、湖南、广东、广西、海南	北京、吉林、浙江、安徽、江西、广东	河北、山西、内蒙古、河南、重庆、四川、贵州、云南、陕西、甘肃、宁夏、新疆	天津、辽宁、黑龙江、湖北、青海
2010	北京、上海、江苏、浙江、福建、山东、湖南、广东、海南	安徽、江西、广西、新疆	河北、山西、内蒙古、辽宁、吉林、河南、重庆、四川、贵州、云南、陕西、甘肃、宁夏	天津、黑龙江、湖北、青海
2015	北京、天津、上海、江苏、浙江、福建、山东、广东、海南	安徽、江西、湖南、广西、新疆	河北、山西、内蒙古、辽宁、吉林、黑龙江、河南、重庆、四川、贵州、云南、陕西、甘肃、宁夏	湖北、青海
2020	北京、天津、上海、江苏、浙江、福建、山东、广东	河北、安徽、江西、湖南、海南、新疆	山西、内蒙古、辽宁、吉林、黑龙江、河南、广西、重庆、贵州、云南、陕西、甘肃、宁夏	湖北、四川、青海

3.4 全要素碳生产率的重心演化轨迹分析

随着各地区经济发展水平、能源消耗以及碳排放量的变化，全要素碳生产率也处于动态迁移过程中。把握全要素碳生产率在一定范围内的重心迁移轨迹，可以深入地了解我国地区低碳发展现状，有助于制定针对性的区域绿色低碳发展政策。首先利用 ArcGIS10.8 软件确定我国 30 个省份的地理坐标，其次按照重心计算公式［式（3-10）和式（3-11）］算出 2005~2020 各年份全要素碳生产率重心，最后将这些重心按照年份的先后顺序连接起来，即得到各年中国全要素碳生产率的重心迁移轨迹图。通过图 3-5 可以看出，全要素碳生产率重心（以下简称“重心”）的迁移轨迹大致可分为以下三个阶段：第一阶段，2005~2009 年，重心整体西南迁移阶段；第二阶段，2010~2014 年，重心整体西北迁移阶段；第三阶段，2015~2020 年，重心整体东南迁移阶段。

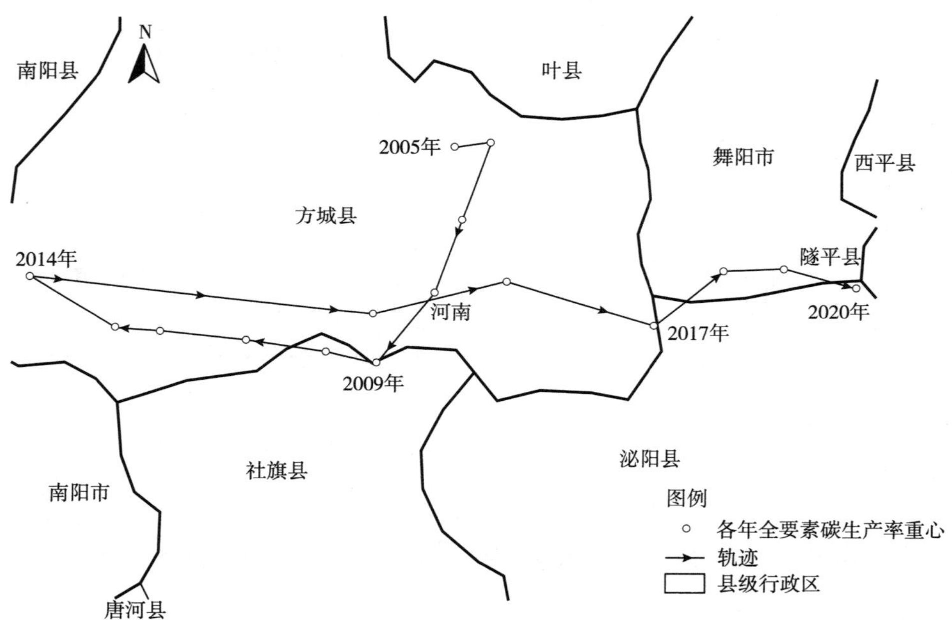

图 3-5　2005~2020 年中国全要素碳生产率的重心迁移

2005~2009 年，重心在 2006 年先向东北方向小幅度移动 4.7260 千米，之后连续三年向西南方向迁移，在 2009 年迁移至河南省方城县与社旗县的交界处。自 2007 年《西部大开发“十一五”规划》（以下简称《规划》）出台以来，西部地区坚持以发展为第一要务，同时着力改进经济增长方式，加大科技投入，不断调整产业布局，推动产业结构优化。此外，《规划》中还加强了西部农村能源工程建设，通过加强省柴节煤炉灶、薪炭林建设等途径降低农村地区碳排放，并积极建设绿色能源示范县。上述节能减排措施加快了全要素碳生产率重心向西南偏移。

2010~2014 年，重心呈现出向西北迁移趋势，直线迁移距离为 37.0269 千米。在这个阶段，西部地区在《西部大开发“十一五”规划》的基础上又出台了《西部大开发“十二五”规划》，在政策的驱使下，西部地区加快建立生态补偿机制，加大生态建设投入力度，同时不断完善生态基础设施，加快产业集约转型。这一系列举措促进了西部地区绿色低碳转型，并引导全要素碳生产率重心向西偏移。同时受益于各项低碳政策，北部全要素碳生产率不断提高，引导重心向北微微迁移。

2015~2020 年，重心呈现向东波动迁移趋势。相较于其他年份，重心在 2015 年的迁移距离最大，为 42.2836 千米，此后开始向东南及东北方向小幅波动迁移。2017 年，重心迁移至河南省方城县与泌阳县的交界处，随后转移至舞阳市，并在 2020 年再次迁移至泌阳县。2015~2020 年，重心迁移的直线距离达到 59.5941 千米。在这一阶段重心出现明显向东迁移的原因可能与我国在 2013 年以后陆续启动的碳交易试点有关，碳交易试点的大多数地区都位于东部地区（北京、天津、上海、广东、深圳），说明该阶段国家更倾向于优先促进东部地区绿色低碳发展。

2005~2020 年，总体来看，中国全要素碳生产率的重心由西北向东南方向迁移了 51.5179 千米（见表 3-3）。说明相较于西部和北部地区，东部和南部地区整体低碳发展效果更显著，东部和南部地区相较于中西部和北部地区，经济发展更迅速，产业低碳转型更明显，能源优化程度更高，且拥有更高的绿色低碳技术普及率，由此拥有更高的全要素碳生产率，进而引发全要素碳生产率的重心向东南方向迁移。

表 3-3 2005~2020 年中国全要素碳生产率的重心动态迁移轨迹

年份	重心坐标		重心迁移	
	经度	纬度	方向	距离/千米
2005	113.1548	33.3333		
2006	113.1973	33.3350	东北	4.7260
2007	113.1566	33.2619	西南	9.2963
2008	113.1179	33.1944	西南	8.6452
2009	113.0457	33.1312	西南	10.6615
2010	112.9912	33.1471	西北	6.3080
2011	112.9054	33.1659	西北	9.7595
2012	112.8121	33.1829	西北	10.5373
2013	112.7623	33.1900	西北	5.5893
2014	112.6736	33.2480	西北	11.7755
2015	113.0479	33.1793	东南	42.2836
2016	113.1985	33.1978	东北	16.8591
2017	113.3563	33.1408	东南	18.6421
2018	113.4381	33.1873	东北	10.4548
2019	113.5051	33.1833	东南	7.4577
2020	113.5838	33.1574	东南	9.2058
总体			东南	51.5179

本章小结

本章基于全局可参比 Super-SBM 模型测算了中国 30 个省份的全要素碳生产率，并对中国全要素碳生产率的时间演变特征、空间演变特征及重心演化轨迹进行分析，并得到以下几点结论：

（1）从中国全要素碳生产率的时间特征来看，2005～2020年，中国全要素碳生产率整体呈波动上升趋势；分区域来看，全要素碳生产率大小为东部>全国>中部>西部；核密度估计动态演进显示，核密度曲线整体向右缓慢平移，我国全要素碳生产率呈逐渐上升态势。

（2）从中国全要素碳生产率的空间特征来看，东部地区全要素碳生产率高于中西部地区，南方地区全要素碳生产率高于北方地区；空间趋势分析表明，在东西方向上，全要素碳生产率整体呈现出先较为平坦后迅速上升的趋势，东部明显高于中西部，在南北方向上，全要素碳生产率表现为由“U”形趋势向倒“U”形趋势转变；空间集聚方面，中国全要素碳生产率具有显著的空间集聚效应，且集聚效应主要分布在高高集聚和低低集聚区间。

（3）从中国全要素碳生产率的重心演化轨迹来看，2005～2020年，中国全要素碳生产率重心整体由西北向东南方向迁移了51.5179千米，东部和南方地区的低碳发展效果整体好于中西部和北方地区。

4 正式环境规制对全要素碳生产率的影响研究

——基于“末端治理”视角

本章基于第3章测度的全要素碳生产率结果，将碳排放权交易试点政策看作一项准自然实验，采用合成控制法构造出各试点省份的反事实参照组，基于“末端治理”视角，科学评估了碳排放交易试点政策对全要素碳生产率的影响。研究内容主要包括以下三个部分：第一，详细阐述了碳排放权交易制度出台的背景，并从产业升级、能源优化、绿色创新，以及节能环保四个方面分析了碳排放权交易制度影响全要素碳生产率的作用机制。第二，通过合成控制法探讨了碳排放权交易制度与几个试点地区全要素碳生产率之间的因果关系。第三，对碳排放权交易制度影响全要素碳生产率的产业结构、能源结构、绿色创新及节能环保这四条作用路径进行实证检验。

4.1 政策背景与理论机制

4.1.1 政策背景

自20世纪90年代以来，全球气候变化形势严峻，减少温室气体排放，特别是二氧化碳排放，已成为国际社会的共识。为应对这一挑战，中国政府于 2011 年宣布开展碳排放权交易试点工作，旨在通过市场机制促进碳排放的减少和低碳经济的发展。这一政策的出台，不仅标志着中国政府在环境保护方面的决心，也体现了其积极应对全球气候变化的姿态。

碳排放权交易制度作为一种基于市场的环境规制工具，其核心在于将碳排放权作为一种稀缺资源进行分配和交易。企业根据自身排放需求购买相应的碳排放权，若排放超出购买额度，则需支付罚款或购买额外的排放权。反之，若企业排放低于购买额度，则可将剩余的排放权在市场上出售，从而获得经济利益。这种机制设计旨在激励企业减少碳排放，提高能源利用效率，进而推动产业结构的优化和能源结构的转型。

此外，碳排放权交易制度的实施还促进了绿色创新和节能环保产业的发展。面对碳排放权的稀缺性和交易市场的需求，企业不得不寻求更为环保、高效的生产技术和能源利用方式。这不仅推动了绿色技术的研发和应用，也促进了节能环保产业的快速发展。同时，政府对于绿色创新和节能环保产业的政策扶持和资金投入，进一步加速了这一进程。

中国在 2011 年就开启了碳排放交易市场建设，同年由国家发展改革委发布的《关于开展碳排放权交易试点工作的通知》正式批准北京、天津、上海、重庆、湖北、广东以及深圳先行展开碳排放交易试点工作，在 2013 年 7 个试点地区的碳交易市场正式上线。自上线以来，全国碳排放交易市场也取得了显著成效，各试点地区碳减排效果明显，累计成交量及成交额屡创新高，截至 2021 年 12 月 31 日，全国碳排放权交易市场累计成交量达到 4.83 亿吨，累计成交额为 86.22 亿元（陈星星，2022）。那么碳交易市场正式上线近十年之际，在国家大力强调绿色低碳发展的时代背景下，一个亟待回答的问题是，碳排放交易是否也带动了社会低碳转型？这是本章研究的核心命题。

4.1.2 理论机制及研究假设

本书从产业升级效应、能源优化效应、绿色创新效应和节能环保效应四个方面阐述碳排放交易驱动低碳发展的作用机理。

4.1.2.1 产业升级效应

碳排放交易试点政策可以通过产业升级效应提升全要素碳生产率。碳排放交易主要从激励传统产业调整和引导高碳产业退出这两个方面促进整体产业升级。一方面，各试点地区将钢铁、化工、电力、石化等高碳排放行业纳入重点观测对象，并不断改善其要素投入结构，鼓励太阳能、风能等清洁能源的开发与使用（邵帅和李兴，2022），并引导高碳产业走向可持续的绿色低碳发展之路，由此形成产业内部转型升级；另一方面，碳排放交易具有市场型环境规制的“优胜劣汰”功能，碳交易的实施对高碳产业形成了严格的碳排放约束，增加了高碳企业减排成本，企业利润受挤，难以形成规模经济，最终选择退出市场。与之相反，低碳清洁产业拥有更低的边际减排成本，可以通过碳交易市场出售多余的碳排放配额以获取额外利润，并进一步改进生产工艺，开发低碳生产技术，由此产生规模经济，最终占据市场的主导地位，并由此形成产业间的转型升级。碳排放交易通过激励传统产业的内部升级和引导产业间的升级，双向导致产业整体的升级，进而在保持经济增长的同时，降低碳排放，提高全要素碳生产率，助推社会低碳转型。

4.1.2.2 能源优化效应

碳排放交易试点政策可以通过能源优化效应提升全要素碳生产率。受到我国长久以来“富煤、贫油、少气”的资源禀赋制约，高碳企业出于利益最大化考虑，往往选择成本更低的煤炭作为主要能源，这也导致我国碳排放剧增。而碳交易政策旨在利用市场调控的方式，通过对碳排放配额总量的限制

以及碳排放权的交易实现减排目标。一方面，高碳企业作为重点监测企业，在碳交易过程中，由于受到碳价波动及市场流动性等因素的干扰，无法确保获得较低价格的碳排放配额，因此迫切需要通过降低煤炭消耗比重，提高清洁能源使用占比的方式对能源结构进行优化（徐军委等，2022）；另一方面，在碳配额总量限制下，高碳企业在生产过程中若超过了规定的碳排放配额，为维持企业正常生产，需要花费额外的成本在碳交易市场购买清洁企业节省的碳配额，在这种额外的成本压力下，高碳企业往往也会采取降低传统化石能源消耗，改用清洁能源的手段以缩减成本。综上所述，碳交易政策促进了高碳企业能源结构优化，在不牺牲经济增长的前提下，降低了能源消耗及碳排放，有效促进了全要素碳生产率提升。

4.1.2.3 绿色创新效应

碳排放交易试点政策可以通过绿色创新效应提升全要素碳生产率。一方面，根据波特假说，碳排放交易作为市场型环境规制可以倒逼企业进行绿色创新。高碳企业存在因碳排放配额不足而需要在碳交易市场购买额外碳排放配额的可能，这无疑增加了高碳企业的生产成本。为了维持生产，同时尽可能降低生产成本，企业除了如上述能源优化效应所论述的降低传统化石能源消耗，另一个可行路径便是采取绿色技术创新。另一方面，按照希克斯的诱导创新理论，一种生产要素的价格相对于其他要素上涨时，就会诱导减少这种生产要素的一系列技术创新（Hicks，1932）。碳交易政策提高了作为生产要素的碳排放权的相对价格，由此诱导企业激发绿色创新以减少对碳排放权的购买（宋德勇等，2021）。综上所述，碳排放交易政策通过“波特效应”“诱导效应”双向驱使企业进行绿色创新，进而提高企业能源利用效率，降低碳排放，推动区域低碳转型。

4.1.2.4 节能环保效应

碳排放交易试点政策可以通过节能环保效应提升全要素碳生产率。完成

"降碳"任务不仅需要碳排放制造主体（企业）自身从产业结构、能源结构以及技术创新三个方面做出改进，而且需要政府的适当引导和资金帮扶。2011年10月发布的《关于开展碳排放交易试点工作的通知》中明确提到要"建立专职工作队伍，安排试点工作专项资金"。政府节能环保支出并非单一以环境治理为目的，而是注重环境与经济的双重效益，以追求社会的最大效益，其特殊性在于同时具有社会投资及环境治理的双重属性（姜楠，2018）。因此，碳排放交易的实施提高了政府节能环保支出，实现了碳减排与经济增长的双赢，进而提升了全要素碳生产率。

据此，本章提出以下研究假设：

假设H1：碳排放交易试点政策显著提升全要素碳生产率。

假设H2：碳排放交易试点政策主要通过产业升级效应、能源优化效应、绿色创新效应及节能环保效应等路径促进全要素碳生产率。

4.2 研究方法、变量选取与数据说明

4.2.1 合成控制法

合成控制法（SCM）最早由Abadie和Gardeazabal（2003）提出，相较于双重差分等传统政策评估方法，SCM具有降低对控制组的主观选择偏误以及能够体现每个控制组单元对"反事实"状态的优势，同时规避了过分外推等问题（刘甲炎和范子英，2013）。为此，本书基于合成控制法，模拟我国6个碳排放交易试点地区若没有实施政策的"反事实"情况，以对比碳排放

交易政策对我国低碳发展的驱动作用。

具体而言，首先假定第一个地区（$i=1$）为碳排放交易试点地区，余下的 M 个省市 $i=2$，…，$M+1$ 为非碳排放交易试点地区。其次考虑一个（$M+1$）维的向量权重 $W=(w_2, \cdots, w_{M+1})$ 满足 $w_m \geqslant 0$，$m=2, \cdots, M+1$，$w_2+\cdots w_{M+1}=1$。向量 W 的每个特征值都可表示为一个合成控制组合，即余下 M 个地区的特定权重。最后对每个控制组地区的变量值进行加权平均，即可得到下式：

$$\sum_{m=2}^{M+1} w_k Y_{it} = \varphi_t + \theta_t \sum_{m=2}^{M+1} w_k Z_{it} + \lambda_t \sum_{m=2}^{M+1} w_k \mu_{it} + \sum_{m=2}^{M+1} w_k \xi_{it} \tag{4-1}$$

假设存在一个向量权重 $W^*=(w_2^*, \cdots, w_{M+1}^*)$，使：

$$\sum_{m=2}^{M+1} w_m^* Y_{m1} = Y_{11}, \sum_{m=2}^{M+1} w_m^* Y_{m2} = Y_{12}, \cdots, \sum_{m=2}^{M+1} w_m^* Y_{mT_0} = Y_{1T_0} \text{ 且} \sum_{m=2}^{M+1} w_m^* Z_m = Z_1 \tag{4-2}$$

若 $\sum_{t=1}^{T_0} \lambda'_t \lambda_t$ 为非奇异矩阵，则：

$$Y_{1t}^N - \sum_{m=2}^{M+1} w_m^* Y_{mt} = \sum_{m=2}^{M+1} w_k^* \sum_{s=1}^{T_0} \lambda_t \Big(\sum_{n=1}^{T_0} \lambda'_n \lambda_n \Big)^{-1} \lambda'_s (\varepsilon_{ms} - \varepsilon_{1s}) - \sum_{m=2}^{M+1} w_m^* (\varepsilon_{ms} - \varepsilon_{1s}) \tag{4-3}$$

若试点前的时间段相较于试点后的时间范围更长，则式（4-3）右边的均值将趋于0。因此在时间范围 $[T_0+1, T]$ 内，$\sum_{m=2}^{M+1} w_m^* Y_{mt}$ 可作为 $Y_{1t}N$ 的无偏估计量，并由此可得到干预效应的估计值为：

$$\hat{e_{1t}} = Y_{1t} - \sum_{m=2}^{M+1} w_m^* Y_{mt},\ t \in [T_0+1, \cdots, T] \tag{4-4}$$

为准确估计，需要找到特定权重 $W^*=(w_2{}^*, \cdots, w_{M+1}^*)$ 使式（4-2）成立。然而在实际操作过程中，由于数据质量及时间跨度等因素的限制，很难保证式（4-2）左右两端完全相等，只能尝试通过近似求解来缩小误差。通常的做法是选择最小化 X_1 和 X_0W 的距离来确定 W^*。

参考 Abadie 等（2010）的研究，采用式（4-5）来界定距离函数：

$$\|X_1-X_0W\|=\sqrt{(X_1-X_0W)'V(X_1-X_0W)} \tag{4-5}$$

其中，V 是（$m\times m$）正定半定义对称矩阵，通过选择合适的 V 矩阵使预测均方误差（MPSE）最小化，进而求得最优权重 w_m^*，便可满足上述方程的要求。

4.2.2 变量选取

4.2.2.1 被解释变量：全要素碳生产率（*Tfcp*）

采用全局 Super-SBM 模型进行测算，相关指标体系主要包括三大块，分别是投入、期望产出和非期望产出。其中，投入指标包括劳动力投入、资本投入以及能源投入；产出变量包含期望产出和非期望产出两类。具体如下：①劳动投入，采用各省市年末单位从业人数表示。②资本投入，参考单豪杰（2008）的做法，采用经永续盘存法计算的各省市固定资本存量表示，相关计算公式如下：$K_{it}=K_{it-1}\times(1-\delta_{it})+I_{it}$，$I$ 为固定资产形成总额，K 为资本存量，δ 为折旧率，取值为 10.96%。③能源投入，用各省市能源消费总量表示。④期望产出，选取各省市实际 GDP 表示。⑤非期望产出，采用各省市碳排放表示。其中，城市生产总值和固定资产投资均根据相应价格指数以 2005 年为基期进行平减。

关于碳排放的测算，本书参考 Shan 等（2018）和谢云飞（2022）的测算方法，构建我国 30 个省份的二氧化碳排放清单的时间序列，清单主要包括与能源消耗有关的碳排放量①和与过程有关的碳排放量②。同时遵循 IPCC 的

---

① 与能源消耗相关的碳排放主要来自于农、林、牧、渔及水利业、采矿业、石油和天然气开采业等 47 个社会经济部门所消耗的原煤、洗精煤、其他洗煤、焦炉煤气等 17 种主要化石燃料。

② 与过程有关的碳排放主要来自于水泥生产。

排放会计方法，相关计算公式如下：

$$CE_{ij}^{a}=EC_{ij}\times NCV_{i}\times CC_{i}\times O_{i} \tag{4-6}$$

$$CE_{it}^{b}=EC_{it}\times EF_{it} \tag{4-7}$$

$$CE=CE^{a}+CE^{b} \tag{4-8}$$

式（4-6）为与能源消耗有关的碳排放量，其中，CE_{ij}^{a} 代表 j 地区第 i 种化石燃料的碳排放量；EC_{ij} 代表 j 地区第 i 种化石燃料的消耗量；NCV_i 表示第 i 种化石燃料的低位发热量；CC_i 表示 IPCC 提供的碳排放系数；O_i 为碳氧化因子。

式（4-7）为与过程相关的碳排放，指生产过程中由于物理化学反应所产生的二氧化碳。由于数据的限制，同时考虑水泥生产造成的二氧化碳排放约占生产过程中二氧化碳总量的 75%（Shan et al.，2018），因此主要计算与水泥生产相关的碳排放量，如式（4-7）所示，CE_{it}^{b} 为由水泥生产所产生的二氧化碳，EC_{it} 为水泥生产量，EF_{it} 为对应的水泥碳排放系数。通过将与能源消耗有关的碳排放以及与过程有关的碳排放相加即可得到各省份的碳排放量［见式（4-8）］。

4.2.2.2 预测变量与机制变量

梳理既有研究（徐现祥等，2018；王立勇和祝灵秀，2019；周国富和陈菡彬，2021；白雪洁和孙献贞，2021），选取人口规模、城镇化率、外商直接投资、贸易开放度、政府干预、市场化程度以及经济增长目标作为影响全要素碳生产率的预测变量。

人口规模（Ps）。随着人口规模的扩张，因人类活动造成的能源消耗也在增加，进一步造成碳排放量的上升，由此可知，人口规模与全要素碳生产率有着密切关联。本书采用各省份年末总人口数的对数来表示人口规模。

城镇化率（*Urban*）。城镇化的过程往往还伴随经济结构的转变，该转变会影响地区能源消费，进而对全要素碳生产率产生影响（Lin and Zhu，2017）。本书采用各地区城镇人口与地区总人口数的比值表示城镇化率。

外商直接投资（*Fdi*）。外商直接投资会影响地区产出规模及产业结构，进而影响地区能源消耗和全要素碳生产率。本书采用各省份实际利用外商直接投资额占 GDP 的比重表示。其中，外商直接投资额利用当年年均汇率调整为人民币。

贸易开放度（*Open*）。一方面，较高的贸易开放度提升了经济发展水平，并加剧了能源消耗，对碳减排和全要素碳生产率产生负面影响；另一方面，贸易开放引发的低碳技术外溢又能释放低碳红利，提高全要素碳生产率。本书采用各省进出口总额与 GDP 的比值表示贸易开放度。

政府干预（*Gov*）。政府干预能为企业清洁技术改造提供资金，进而促进企业转型升级，该过程有利于提高全要素碳生产率（谢云飞等，2021）。

市场化程度（*Mar*）。市场化程度越高，要素市场及产品市场机制越成熟，完善的市场环境更有利于企业的低碳技术研发，进而缓解碳减排压力并提高全要素碳生产率（郑佳佳和喻晓蕾，2015）。本书采用王小鲁等（2019）编制的《中国分省份市场化指数报告》中的市场化指数衡量各地区市场化程度。

经济增长目标（*Egt*）。在经济增长目标约束下，地方政府为保证经济快速增长，被迫采用“逐底竞争”的方式降低环境准入门槛，吸引高碳排放企业入驻辖区以拉动经济，由此形成“污染避难所效应”，制约地区低碳发展。本书采用各省份政府工作报告中公布的经济增长速度目标表示各地区经济增长目标。

通过前文理论分析可知，碳排放交易可通过产业结构效应、绿色创新效应和环境治理效应等途径影响全要素碳生产率。选取对应的机制变量如下：

产业升级效应（*Is*）。参考干春晖等（2011）的做法，选取产业结构高级化指数作为代理指标。其中，产业结构高级化采用第三产业产值与第二产业产值的比值表示。

能源结构效应（*Es*）。采用煤炭消费占总能源消费比重表示。

绿色创新效应（*Gi*）。相较于单纯采用绿色专利数来衡量绿色创新，选用绿色专利占比可以有效剔除试点政策以外的其他可能影响地区绿色创新的不可观测因素（David，2002），故本书选取绿色发明专利授权数量与地区发明专利授权总量的比值表示绿色技术创新。

节能环保效应（*Ecep*）。参考姜楠（2018）的研究，采用地区节能环保支出与财政支出的比值表示。

4.2.3 数据说明

本书选取2005~2020年中国30个省份（限于数据可获取性，研究样本不包括港澳台及西藏地区）的面板数据为研究样本，相关指标数据主要来源于历年《中国统计年鉴》《中国能源统计年鉴》《中国固定资产投资统计年鉴》及各省统计年鉴。经济增长目标数据主要来源于手工收集的各省政府工作报告。关于地区绿色发明专利数据，首先从世界知识产权组织官方网站获取绿色专利清单，其次从中国专利全文数据库通过设置专利分类码及发明单位（个人）地址获取绿色发明专利数量。部分缺失值根据年平均增长率予以补齐。为剔除价格因素干扰，所有涉及GDP的指标均以2005年为基期价格进行平减处理。

4.3 实证结果与分析

4.3.1 政策效应评估

4.3.1.1 合成试点省市的权重设置

本书基于人口规模、城镇化率、外商直接投资、贸易开放度、政府干预以及经济增长目标等预测变量，合成6个碳交易试点地区的虚拟控制组①，各碳交易试点省市的合成省份及对应的权重系数见表4-1。以北京为例，合成北京的控制省份主要包括江苏、贵州、青海和新疆，对应的权重系数分别为0.446、0.308、0.094和0.152，权重之和等于1，即江苏、贵州、青海及新疆4个地区按照0.446、0.308、0.094和0.152的权重加总可以估计出未实施碳排放交易之前北京的全要素碳生产率。

表4-1　各碳交易试点地区对应的合成省份的权重系数

北京		天津		湖北		重庆	
合成省份	权重	合成省份	权重	合成省份	权重	合成省份	权重
江苏	0.446	内蒙古	0.194	江苏	0.394	江苏	0.214
贵州	0.308	辽宁	0.252	湖南	0.510	贵州	0.694
青海	0.094	江苏	0.526	贵州	0.096	青海	0.092
新疆	0.152	海南	0.028				

4.3.1.2 碳排放交易试点政策的低碳发展效应分析

图4-1展示了北京、天津、上海、湖北、广东以及重庆这6个试点地区

① 由于上海属于直辖市，而广东是我国第一经济大省，二者在人口规模、贸易开放度等预测变量上与其他省份（不包含碳交易试点省份）有较大差距，无法找到合适的对照组，因而这两个碳交易试点地区的合成结果未能显示出来，故后文重点分析北京、天津、湖北和重庆这4个碳交易试点地区。另外，在碳排放交易试点的7个省市中，由于深圳市包含于广东省，故未再对深圳市单独进行分析。

及其合成省份的全要素碳生产率。垂直虚线代表政策冲击时间为 2013 年，虚线左侧为实施碳交易试点前各试点省份的全要素碳生产率曲线，虚线右侧为受到碳交易试点冲击后各省份的全要素碳生产率曲线。从图 4-1 不难发现，北京、天津、湖北和重庆在政策实施前的实线与虚线基本重合，说明这四个试点区域的拟合效果较好，并且在政策实施以后，实际值与合成值的差值逐渐增大，表明政策实施效果较明显。而上海和广东因难以找到有效的合成省份，故后文仅分析北京、天津、湖北和重庆的政策实施效果。

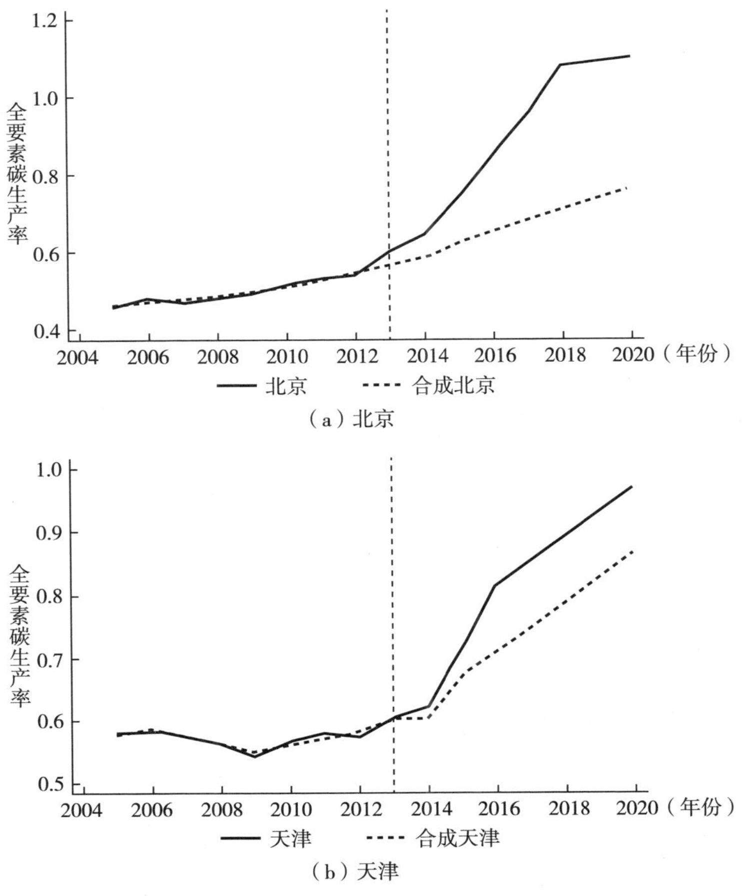

图 4-1　碳交易试点省市及其合成省份的全要素碳生产率

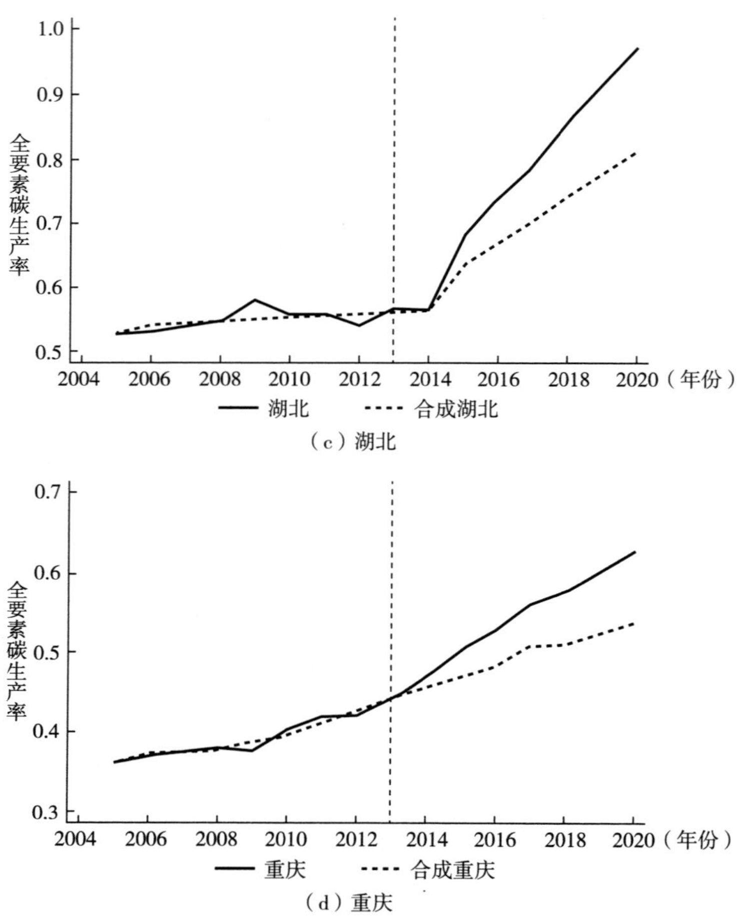

图 4-1　碳交易试点省市及其合成省份的全要素碳生产率（续）

为了直观地展示碳交易试点政策对北京、天津、湖北及重庆带来的低碳红利，本书进一步分析了试点政策实施前后，试点单元与合成单元的全要素碳生产率（以下简称“Tfcp”）差值。如图 4-2 所示，2005~2012 年，北京与合成北京 Tfcp 差值在 0 上下小幅度波动，均值约为 0.0001，进一步说明了在 2013 年碳交易试点之前，北京与合成北京的 Tfcp 拟合程度很好。2012 年之后，北京与合成北京 Tfcp 差值不断扩大，从 2012 年的-0.0046 一路上升到 2018 年的最高点 0.3699，随后又呈现小幅度下降，表明碳交易试点政策显著促进了北京市的 Tfcp。此外，从图 4-2 中不难发现，在 2013 年之前，北京与合成北京的 Tfcp 差值就开始大于 0 了，且保持不断上升的趋势。可能的原因在于，北京作为我国首都及政治中心，相较于其他试点地区，有着得天独厚的政策先行优势，能在政策正式实施之前做好反应，部署各项准备工作，从而在碳交易政策正式实施前就实现低碳转型。

2005~2012 年，天津与合成天津 Tfcp 差值的平均值为-0.0001，说明政策实施前天津与合成天津 Tfcp 的拟合效果较好，碳交易政策实施以后，差值不断扩大，说明自 2013 年碳交易政策实施以来，天津与合成天津的 Tfcp 差

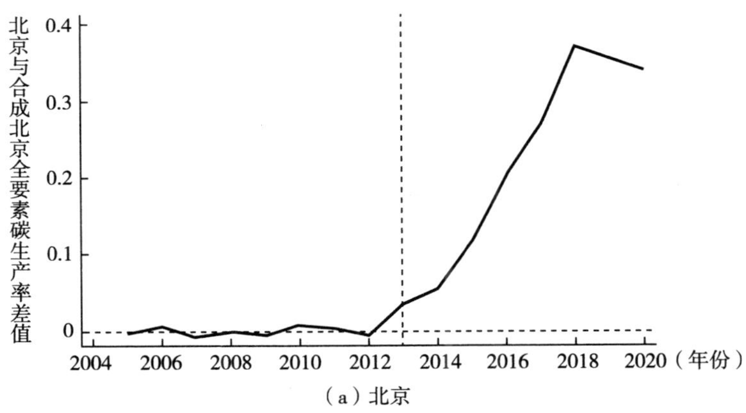

（a）北京

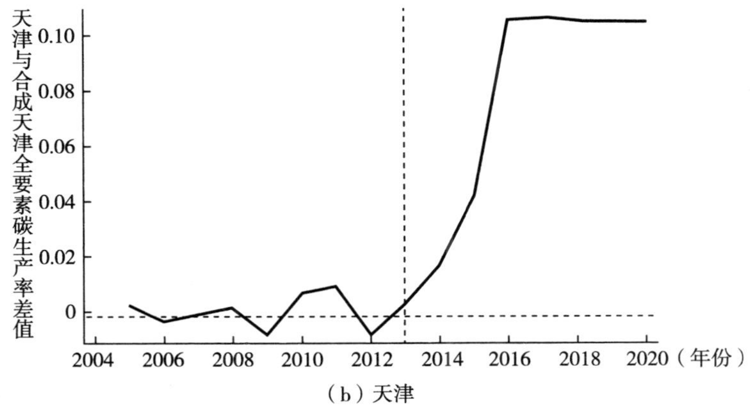

（b）天津

图 4-2　碳交易试点省份及其合成省份全要素碳生产率的差值

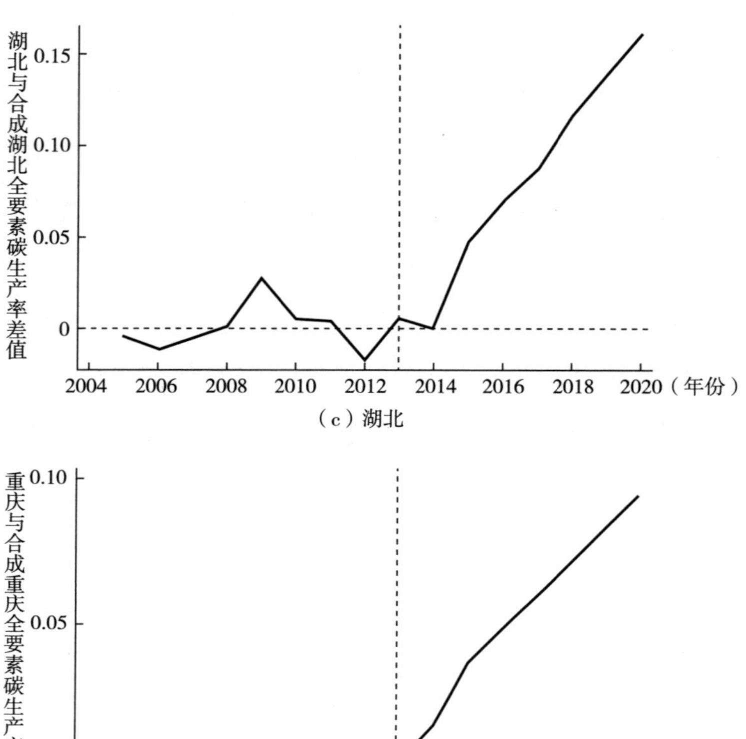

（c）湖北

（d）重庆

图 4-2　碳交易试点省份及其合成省份全要素碳生产率的差值（续）

值上升明显，碳交易政策显著促进了天津 Tfcp 提升，低碳转型效果显著。从图中还可以看到，天津与合成天津 Tfcp 差值在 2017 年达到最大值 0. 1062，从 2018 年开始小幅度回落，差值在 2020 年为 0. 1046，约为 2013 年差值的 39 倍。这说明在政策实施的前 5 年，天津按照全国碳排放交易市场建设工作部署，并结合本地产业特色，将高碳排放企业纳入碳排放配额管理等手段在短期内取得了积极成效。

2005~2012 年，湖北与合成湖北 Tfcp 差值的平均值为 0，其间最大差值

与最小差值之差为 0.0452，2013 年之前湖北与合成湖北 Tfcp 曲线整体拟合程度较高，但是从 4 个省的均方根预测误差（RMSPE）值对比来看，湖北的 RMSPE 值最大①，为 0.0127，说明与北京、天津和重庆相比，湖北的拟合程度相对较差。自 2013 年碳交易政策实施后，湖北与合成湖北 Tfcp 差值在 2014 年出现了小幅度下降，但此后呈持续上升趋势，差值由 2014 年的 -0.0003 一直上升到 2020 年的 0.1608，相较于试点起始年份 2013 年的 0.0057，差值约为原来的 27 倍。表明湖北作为中部工业大省，在政策实施的前两年并未表现出明显的低碳转型，但随着湖北碳交易市场逐步走向深化，自 2015 年起，湖北表现出明显的低碳发展成效。

2013 年以前，重庆与合成重庆 Tfcp 差值的平均值为 0.0005，重庆对应的 RMSPE 值为 0.0061，说明拟合程度较好。重庆与合成重庆 Tfcp 差值在碳交易实施前的 2012 年为-0.0026，在 2013 年增长为 0.0017，此后不断上涨，并在 2020 年达到 0.0948，其值约为 2013 年的 55 倍。说明碳交易试点政策显著促进了重庆 Tfcp，政策效果十分显著。虽然重庆与合成重庆 Tfcp 差值增长的倍数在 4 个省份中是最高的，但从真实值来看，2020 年重庆实际 Tfcp 值仅为 0.6273，说明重庆整体 Tfcp 值仍然偏低，重庆低碳转型仍然任重道远。

通过以上分析可知，假设 H1 成立。

4.3.2 稳健性检验

4.3.2.1 排序检验

参考 Abadie 等（2010）提出的排序检验方法，判断是否还存在其他未参与碳交易试点的省份出现与各试点省份类似的结果，并计算其概率。其基本

① 北京、天津、湖北和重庆的 RMSPE 值分别为 0.0055、0.0060、0.0127、0.0061。一般而言，RMSPE 值用来衡量试点单元与合成单元目标值的差异程度，RMSPE 值越小，说明试点单元与合成单元目标值差异越小，拟合程度越高（Abadie et al.，2010）。

思想为假设所有控制组的省份均在2013年实施了碳交易政策，并按照合成控制法的基本步骤构造出相应的合成控制对象，同时计算假设省份及其合成省份的Tfcp差值，得到假设省份的政策效果，再与真实碳交易试点省份产生的政策效果进行对比，只有真实的碳交易试点省份与假设的碳交易试点省份政策效果差异较大，才能证明碳交易的政策效果是显著的。

需要说明的是，该方法要求合成控制对象在政策实施前具有较好的拟合效果，理由是，若合成控制对象未能拟合好政策实施前的预测变量，那么最后得到的目标值差异可能是因拟合效果不好导致的，而非政策本身的效果（刘友金和曾小明，2018）。因此，本书需要剔除在政策实施前拟合效果不理想的省份，由于RMSPE值衡量试点单元与合成单元的差异程度（Abadie et al.，2010），其值越大，说明政策实施前试点单元与合成单元的差异程度越大，即拟合效果越不理想。同时，参考既有研究的一般做法（辛宝贵和高菲菲，2021；杨秀汪等，2021），删除RMSPE值大于试点省份2倍的假设试点省份，最后得到各试点省份与其他省份的Tfcp差值分布图。

图4-3分别展示了北京、天津、湖北及重庆与其他省份的Tfcp差值，图中纵向虚线表示政策实施年份，实线对应的是各试点省份的Tfcp差值，其余虚线表示假设省份的Tfcp差值。不难发现，在碳交易试点实施前，各试点省份与其他省份Tfcp差值并无太大差距，但在政策实施以后（纵向虚线右侧），各试点省份与其他省份的差距开始不断扩大。以北京为例，图4-3（a）中，2013年以后，北京的Tfcp差值分布在其余省份外部，表明碳排放交易显著提升了北京的Tfcp，同时表明只有1/19①（5.26%）的概率出现北京与合成北

① 本书样本共包含30个省份，针对北京的分析，首先剔除了天津、上海、湖北、广东、重庆5个碳交易试点省市；其次本书排除了RMSPE值超过北京RMSPE值2倍的5个省份：山西、辽宁、黑龙江、贵州和青海，此外，考虑到福建在2016年12月也被列为碳交易试点地区，故也将福建剔除；最后还剩19个省份，则北京出现上述情况的概率为1/19。

京之间全要素碳生产率这么大的差距，这与统计推断中的显著性水平类似，由此可以认为北京的 Tfcp 提升在 10%水平上显著。类似地，根据检验结果①，可知天津、湖北和重庆分别有 1/19（5.26%）、1/22（4.55%）、1/19（5.26%）的概率出现与合成省份 Tfcp 之间这么大的差距，即天津和重庆 Tfcp 的增加在 10%水平上显著，湖北 Tfcp 的增加在 5%水平上显著。

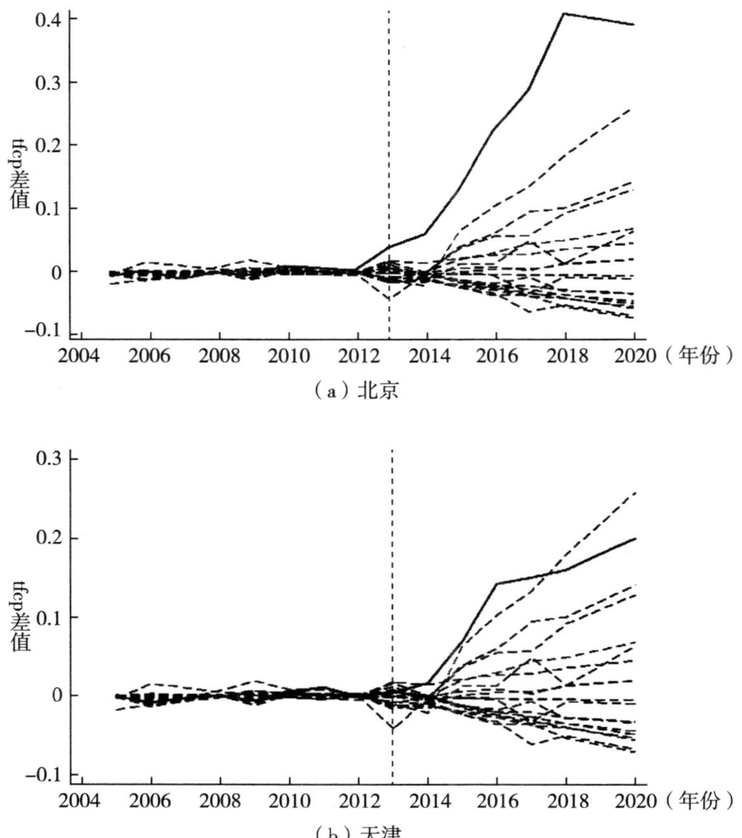

图 4-3　碳交易试点省份及其他省份 Tfcp 的差值分布

① 限于篇幅，相关检验结果未在正文进行汇报，备索。

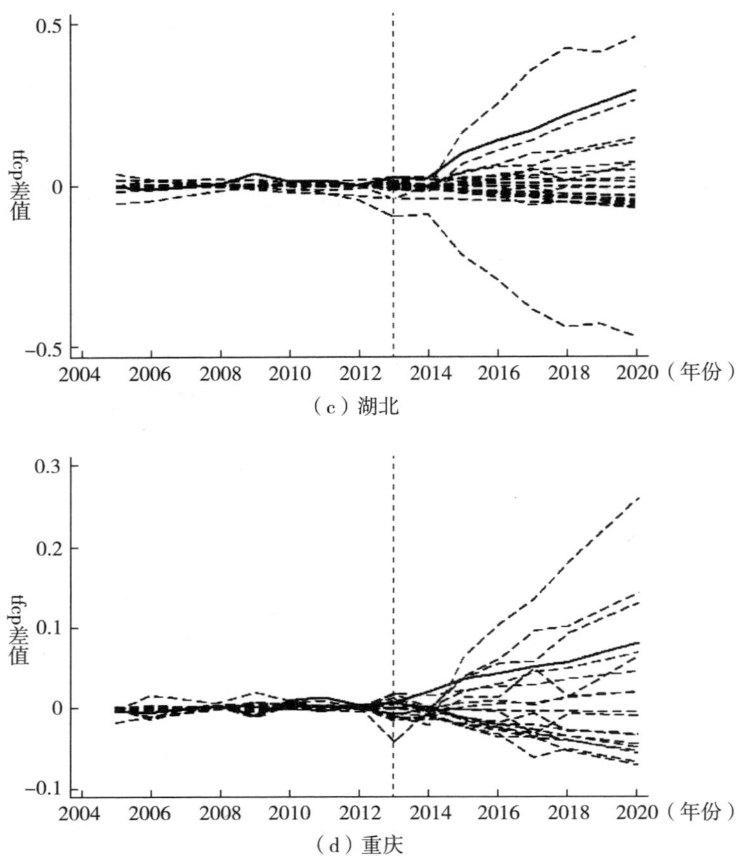

（c）湖北

（d）重庆

图 4-3　碳交易试点省份及其他省份 Tfcp 的差值分布（续）

4.3.2.2　安慰剂检验

借鉴 Abadie 等（2010）提出的安慰剂检验方法进行稳健性检验，其基本思路为：假设在样本年份内选择一个未列入碳交易试点的省份进行同样的分析，若该省份与其合成省份的 Tfcp 同样存在显著差异，则无法证明试点省份 Tfcp 的提升是由碳交易政策导致的；若该省份与其合成省份的 Tfcp 并未存在显著差异，那么才能证明各试点省份 Tfcp 的提升是由碳交易试点政策所致。在选取替代样本时，参考刘友金和曾小明（2018）的研究，按照权重最大化

的原则进行选取，理由是权重最大说明与试点省份特征最接近。据此，选取江苏作为北京和天津的替代样本，选取湖南作为湖北的替代样本，选取贵州作为重庆的替代样本。并按照同样的操作步骤进行合成控制分析。

图 4-4 展示了江苏、湖南和贵州以及它们的合成省份的全要素碳生产率。不难发现，三个替代样本及其合成样本之间并未出现如上述各试点省份那般的显著差异，江苏与合成江苏的 Tfcp 曲线走势相近，二者的差距很小，而湖南与贵州的实际 Tfcp 甚至低于各自的合成 Tfcp，即碳交易试点政策起到了相反的效果。因此，该结果进一步说明各试点省份 Tfcp 的显著提升确实是由碳交易政策导致的，而非其他共同的偶然因素。

4.3.2.3 采用 SCM 和 DID 检验

进一步地，参考刘传明等（2019）的做法，采用 SCM 和 DID 对政策的低碳效应进行稳健性检验。基本步骤如下：将北京、天津、湖北和重庆这 4 个碳交易试点省市列为实验组①，将这 4 个试点省市按合成控制法构造的 8 个合成省份作为对照组，再以 2013 年作为政策推行年份构建出双重差分模型。使用 SCM 和 DID 的优势在于，既规避了双重差分法在选取对照组时的随意性，还能在一定程度上保证了实验组与对照组在政策实施前的平行路径（杨秀汪等，2021）。基于此，构建模型如下：

$$Tfcp_{it}=\alpha_0+\alpha_1 Ctp_{it}+\beta_j \sum X_{jit}+\mu_i+\nu_t+\varepsilon_{it} \tag{4-9}$$

式（4-9）中，i、t 表示省份与年份；被解释变量 $Tfcp_{it}$ 为全要素碳生产率；Ctp_{it} 为本书核心解释变量，若省份 i 在 t 年已实施碳交易政策，则取值为 1，否则取 0。系数 α_1 表示碳排放交易对全要素碳生产率的净效应；X_{jit} 为一系列控制变量，包括人口规模、城镇化率、外商直接投资、贸易开放度、政

① 这里并未将 6 个碳交易试点省市全部作为实验组，原因正如前文所述，因上海和广东这两个省市在模型设定过程中无法找到合适的合成省份，故按照双重差分的思路，这两个省市也无法找到相应的对照组，故将这两个省市排除。

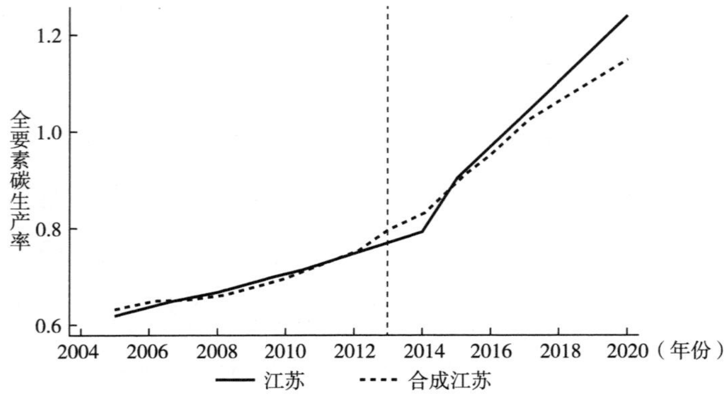

（a）江苏

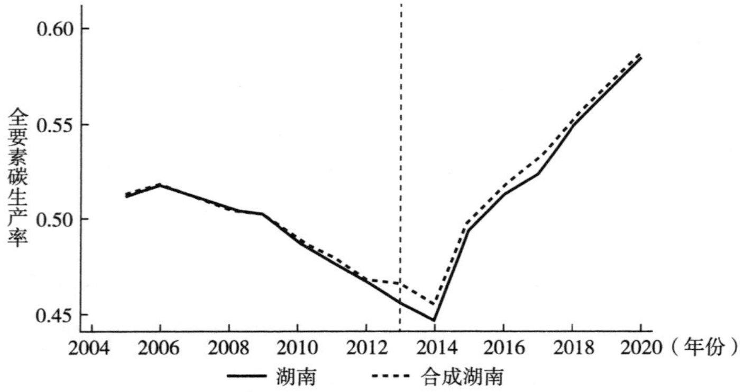

（b）湖南

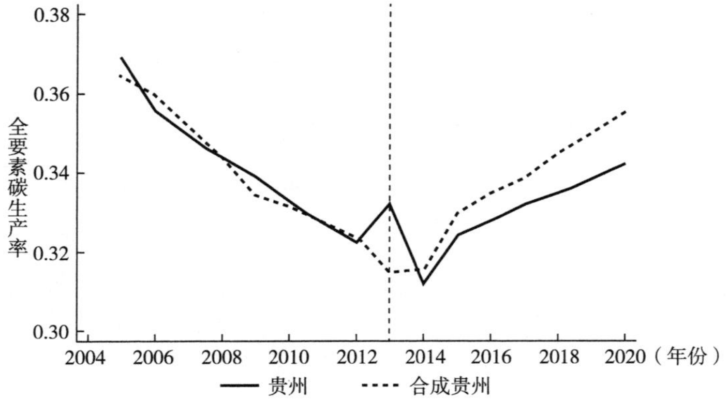

（c）贵州

图 4-4　江苏、湖南及贵州与其合成省份的全要素碳生产率

府干预、市场化程度以及经济增长目标等；μ_i 为省份固定效应；ν_t 为时间固定效应；ε_{it} 为随机扰动项。

表 4-2 报告了 SCM 和 DID 的回归结果，第（1）列为未添加控制变量的回归结果，第（2）列为增加控制变量后的回归结果。不难发现，无论是否添加控制变量，碳交易试点政策的回归系数均在 1%水平上显著为正，进一步表明碳交易政策显著促进了各试点省份的全要素碳生产率，再次验证了基本结论的稳健性。

表 4-2　SCM 和 DID 回归结果

变量	(1)	(2)
	Tfcp	*Tfcp*
Ctp	0.1751***	0.1401***
	(0.0319)	(0.0369)
_*cons*	0.4915***	5.7143***
	(0.0301)	(1.6301)
控制变量	否	是
省份固定	是	是
年份固定	是	是
样本量	192	192
R-squared	0.4506	0.6225

注：***、**、*分别表示在 1%、5%、10%水平下显著，括号内为标准误，下同。

4.4 进一步讨论：作用机制

通过以上实证分析结果可知，碳排放交易显著提升了试点省份全要素碳生产率，持续释放市场型环境规制的区域低碳治理红利。然而，碳排放交易驱动各试点省份低碳转型的作用渠道还有待进一步探讨。根据前文机理分析可知，用能权交易制度主要依靠产业升级效应、能源优化效应、绿色创新效应以及节能环保效应这四条路径提升全要素碳生产率，为此本书接下来将从上述四条路径展开分析。

进行机制分析时，以往学者的通常做法是采用温忠麟（2014）等提出的中介效应模型，然而江艇（2022）指出中介效应模型源于心理学研究，用于经济学实证分析可能存在内生性偏误以及影响渠道识别不清等问题。为规避上述问题，本书参考 Tan 等（2022）的研究，模型设定如下：

$$M_{it} = \beta_0 + \beta_1 Ctp_{it} + \varphi_j \sum x_{jit} + \mu_i + \nu_t + \varepsilon_{it} \tag{4-10}$$

$$Tfcp_{it} = \gamma_0 + \gamma_1 Ctp_{it} * M_{it} + \varphi_j \sum x_{jit} + \mu_i + \nu_t + \varepsilon_{it} \tag{4-11}$$

其中，i、t 分别表示省份和年份；M_{it} 表示机制变量；$Ctp_{it} \times M_{it}$ 为碳交易政策变量与机制变量的交互项；其余控制变量与前文保持一致。

首先，碳排放交易制度通过产业升级效应提升全要素碳生产率。为验证该机制，本书选取产业结构高级化指数（Is）作为衡量产业结构效应的机制变量，表 4-3 第（1）列显示，碳排放交易对产业结构升级的影响在 10%水平上显著为正，说明碳排放交易的实施倒逼产业结构转型升级。表 4-3 第（2）列显示，碳交易与产业结构的交互项对 Tfcp 的影响显著为正，且在 1%水平上显著。表明碳交易政策通过促进产业结构升级进而提升了 Tfcp，碳交易的实施迫使高碳排放企业退出市场或通过技术改造的形式实现转型升级（Wu et al.，2020），而产业升级的过程中也带动了能源结构消费升级，进而降低碳排放，提高全要素碳生产率（孙华平和杜秀梅，2020）。

其次，碳排放交易制度通过能源优化效应提升全要素碳生产率。本书选取能源结构（Es）作为衡量能源优化效应的机制变量，表 4-3 第（3）列显示，碳排放交易对能源结构的影响在 1%水平上显著为负，说明碳排放交易的实施降低了煤炭消费占比。表 4-3 第（4）列显示，碳交易与能源结构的交互项对 Tfcp 的影响显著为正，且在 1%水平上显著，表明碳交易政策通过优化能源结构进而促进了 Tfcp。碳交易政策通过制定碳排放限额的形式，控制碳排放，企业在运营过程中生成的碳排放若超出了指定限额，则需要去碳交易市场购买多余的配额，这无疑增加了企业的生产成本。为此，企业往往会选择用清洁能源代替煤炭等传统高碳排放能源，通过能源结构的优化，降低碳排放，进而提高全要素碳生产率。

再次，碳排放交易制度通过绿色创新效应提升全要素碳生产率。本书选取绿色专利占比（*Gi*）作为衡量绿色创新效应的机制变量，表 4-3 第（5）列显示，碳排放交易对绿色创新的影响在 1%水平上显著为正，说明碳排放交易的实施显著提高了绿色专利占比。表 4-3 第（6）列显示，碳交易与绿色创新的交互项对 Tfcp 的影响显著为正，且在 5%水平上显著。表明碳交易政策通过提高绿色创新能力进而促进 Tfcp，碳排放交易制度通过给企业施加成本压力，同时利用市场型环境规制的“波特效应”倒逼高碳排放企业进行绿色改造，进而提高企业能源利用效率，降低碳排放，推动区域低碳转型。

最后，碳排放交易制度还通过节能环保效应提升全要素碳生产率。本书选取地区节能环保支出与财政支出的比值（*Ecep*）作为衡量节能环保效应的机制变量，表 4-3 第（7）列显示，碳排放交易对环境治理的影响在 10%水平上显著为正，说明碳排放交易的实施显著提高了环保支出占比。表 4-3 第（8）列显示，碳交易与环境治理的交互项对 Tfcp 的影响显著为正，且在 10%水平上显著。表明碳交易政策通过提高环境治理水平进而促进了 Tfcp，碳交易的实施强化了政府的碳减排动机，同时安排试点工作专项资金，保障节能环保工作顺利进行（任晓松等，2021）。节能环保支出的增加为企业碳减排工作提供了资金，同时鼓励企业进行低碳技术研发，有利于降低碳排放，进而提升全要素碳生产率（朱小会和陆远权，2017）。由此，验证了假设 H2。

表 4-3 机制分析回归结果

变量	产业结构		能源结构		绿色创新		节能环保	
	(1)	(2)	(3)	(4)	(5)	(6)	(7)	(8)
	Is	*Tfcp*	*Es*	*Tfcp*	*lnGi*	*Tfcp*	*Ecep*	*Tfcp*
Ctp	0.1063* (0.0540)							
Ctp×Is		0.0712*** (0.0146)						
Ctp			-0.1164*** (0.0285)					
Ctp×Es				0.1708*** (0.0840)				
Ctp					0.3295*** (0.1224)			
Ctp×lnGi						0.0401** (0.0175)		
Ctp							0.0032* (0.0017)	
Ctp×Ecep								4.1288* (2.1065)
_cons	-10.8474*** (2.3876)	4.8177*** (1.5802)	-1.2371 (1.3228)	5.6035*** (1.6915)	-2.048 (5.4097)	-1.1901 (5.4224)	-0.1868 (0.1298)	-19.8013*** (5.7332)
控制变量	是	是	是	是	是	是	是	是
省份固定	是	是	是	是	是	是	是	是
年份固定	是	是	是	是	是	是	是	是
样本量	192	192	192	192	192	192	192	192
R-squared	0.8705	0.6422	0.5093	0.5984	0.9434	0.9427	0.3913	0.9092

本章小结

“双碳”背景下，碳排放交易制度作为应对气候变化的重要政策工具，通过平衡经济发展与碳排放，为绿色低碳发展提供了一种双赢的途径。本书基于2005~2020年我国30个省份的面板数据，利用合成控制的准自然实验法科学评估了碳排放交易试点政策对全要素碳生产率的影响效果。并得到以下结论：①我国碳排放交易试点政策整体上促进了绿色低碳发展，合成控制法的结果表明试点政策显著提升了北京、天津、湖北和重庆的全要素碳生产率，而上海和广东由于人口规模、贸易开放度等预测变量与其余省份差异较大，并未表现出明显的低碳效应；②在经过排序检验、安慰剂检验及SCM-DID等一系列稳健性检验后，结果依然稳健；③产业转型升级、能源结构优化、绿色创新及节能环保是碳排放交易提升全要素碳生产率的重要机制。

5 正式环境规制对全要素碳生产率的影响研究

——基于“源头管控”视角

第 4 章基于“末端治理”视角考察了碳排放权交易这种正式环境规制与全要素碳生产率之间的因果关系，本章将从“源头管控”视角引入另一种正式环境规制——用能权交易制度，并系统考察其与全要素碳生产率之间的因果关系。研究内容包括以下四部分：首先，详细阐明了用能权交易制度出台的背景，并通过数理推导的形式分析了碳排放权交易制度影响全要素碳生产率的规模路径、结构路径以及技术路径。其次，通过双重差分法识别了用能权交易制度与全要素碳生产率之间的因果关系。再次，对碳排放权交易制度影响全要素碳生产率的作用路径进行实证检验。最后，构建调节效应模型分析了经济增长目标及要素错配在用能权交易制度影响全要素碳生产率过程中的调节作用。

5.1 政策背景及理论假说

5.1.1 政策背景

如何将我国“高污染、高能耗、高排放”的传统发展模式转为依赖技术进步、效率提升的低碳可持续发展模式，是当前亟待解决的重要议题。鉴于此，我国采取了多项环境规制措施。其中，以命令控制型环境规制为主。如1997年制定的《中华人民共和国节约能源法》，致力于提高能效、改善环境，促进社会经济可持续发展。再如2005年由全国人民代表大会常务委员会颁布的《中华人民共和国可再生能源法》，其意图在于开发清洁能源，减少传统能源消耗，改善能源结构，实现经济社会的可持续发展。在微观层面，《工业和信息化部办公厅关于下达2021年国家工业专项节能监察任务的通知》显示，2021年首批确定专项节能监察任务总量为3535家，其中重点行业能耗专项监察3080家，数据中心能效专项监察270家，2020年违规企业整改落实情况专项监察185家。通过节能监察，可以对违法违规用能行为予以处理，并提出依法用能、合理用能建议。在微观项目的环境影响评价方面，2021年5月，中华人民共和国生态环境部出台了《关于加强高耗能、高排放建设项目生态环境源头防控的指导意见》，通过加强微观建设项目的能源核算，达到节能减排的目的。

在正式环境规制中，相对于命令控制型环境规制，市场交易型环境规制由于灵活性较强，市场化特征明显等优势，同样被广泛运用于国家节能降耗工程中。本书研究的用能权交易制度正是其中较具代表性的一项。根据《生态文明体制改革总体方案》《中华人民共和国国民经济和社会发展第十三个五年规划纲要》的要求，为有序推进用能权交易有偿使用，培育和发展用能权交易市场，2016 年 7 月国家发展改革委发布了《用能权有偿使用和交易试点制度试点方案》（以下简称《方案》），方案牢固树立五大发展理念，并选择具有代表性的浙江省、福建省、河南省及四川省作为用能权有偿使用和交易试点地区。2016 年做好顶层设计及准备工作，2017 年正式开始实施。此后试点区域也相继对《方案》做出反应，结合自身节能潜力及资源禀赋特征，展开用能权有偿使用和交易的实践。《方案》出台的核心目标是完成能源消耗总量和强度的“双控”，然而，随着“碳达峰、碳中和”目标的提出与持续推进，各级政府都在以更高的强度和力度加快推进绿色低碳发展，《2022 年国务院政府工作报告》更明确提出要有序推进碳达峰碳中和工作和推进能耗“双控”转向碳“双控”。用能权交易制度的能耗“双控”作用已被不少研究所证实（王兵等，2019；薛飞和周民良，2022），那么当前，一个亟待回答的问题是，用能权交易制度在完成能耗“双控”的基础上，是否还促进了碳“双控”，并驱动城市低碳发展？这是本章研究的核心问题。

5.1.2 理论推导及研究假设

5.1.2.1 用能权交易制度影响城市低碳发展的作用机制

用能权交易指在能源消耗总量及强度控制的前提下，用能单位具有出售及购买能源消耗的权益。该过程基于科斯的产权理论，即将能源看作一种特殊的商品，企图通过市场价格机制来解决能源消耗的外部性，以此推动企业降低能源消耗，并实现企业收益最大化。与此同时，用能权交易制度还是我国实现碳达峰、碳中和目标，驱动城市低碳转型的重要举措。按照经典环境

经济理论，通常影响环境的路径可归纳为以下三种：规模路径、结构路径和技术路径，鉴于此，本书基于上述三条路径对用能权交易制度的低碳红利作传导机制分析。

（1）规模路径——能耗“双控”效应。从宏观上来看，《方案》明确指出，试点区域需要结合本地区经济发展水平、资源禀赋、产业布局及节能潜力等因素，合理确定各地区的能源消费总量控制目标。并针对高能耗产业及重点用能产业采取更科学的初始用能权确权方法。同时，试点地区还要求制定能源消费报告、审核、核查指南、标准等技术规范，以确保各地区能源消费数据的准确性与可核查性，杜绝各地区出现能源消费数据作假或瞒报的现象。进一步结合节能评估审查制度，从严确定新增产能的初始使用权，并鼓励可再生能源生产与使用，并规定用能单位自产自用的可再生能源不计入其用能配额，这能在一定程度上激励用能企业改用清洁生产模式，引进节能技术，大力开发可再生能源，进而起到降低能耗的目的。

从微观上来看，其市场作用机制通过图 5-1 予以说明：

为简化分析，现假定市场上存在两个企业（企业 1 与企业 2），企业 1 的能源投入量为 I_1，企业 2 的能源投入量为 I_2，两个企业的初始能源使用配额分别为 I_1E_1 和 I_2E_1。企业 1 为低能效企业，企业 2 为高能效企业，即投入一单位能源要素，企业 1 获得的产出低于企业 2。由此可知，企业 1 的边际收益曲线 MR_1 相较于企业 2 的边际收益曲线 MR_2 要更为平坦。①在不存在用能权交易的情况下，假定其他要素不变，则边际成本曲线与能源价格相等，即企业增加一单位的能源投入等于能源价格（边际成本曲线即图 5-1 中 $MC=P_e$）那么在初始能源消耗配额 E_1 处，企业 1 的净收益为 $S_{梯ACNH}$（$S_{梯I1CNE1}-S_{矩I1AHE1}$），企业 2 的净收益为 $S_{梯PHA1D}$（$S_{梯PE1I2D}-S_{矩I2A1HE1}$）。②在存在用能权交易的情况下，低能效企业 1 会将一部分用能配额出售给高能效企业 2，企业

2 可将购进的用能配额用于扩大产能，增加收益。现假定企业 1 出售的用能配额为 E_1E_2，根据市场均衡理论，在企业 1 与企业 2 的边际收益曲线的交点（图 5-1 中 E 点）可达到市场均衡，此时有 $MR_1=MR_2$，而这时的用能权交易价格为经过 E 点的一条水平线（图 5-1 中虚线 BB_1）。通过计算可知，企业 1 的净收益变为 $S_{梯ACEG}+S_{矩EGHM}$（其中 $S_{矩EGHM}$ 即为企业 1 出售用能配额获得的收益），可知企业 1 的净收益在未进行用能权交易的基础上增加了 $S_{三角形EMN}$。此时，企业 2 的净收益为 $S_{梯EGA1D}-S_{矩EGHM}$，可知企业 2 的净收益在未进行用能权交易的基础上增加了 $S_{三角形EPM}$。总的来看，用能权交易的存在使整个市场的净收益增加了 $S_{三角形EPN}$。

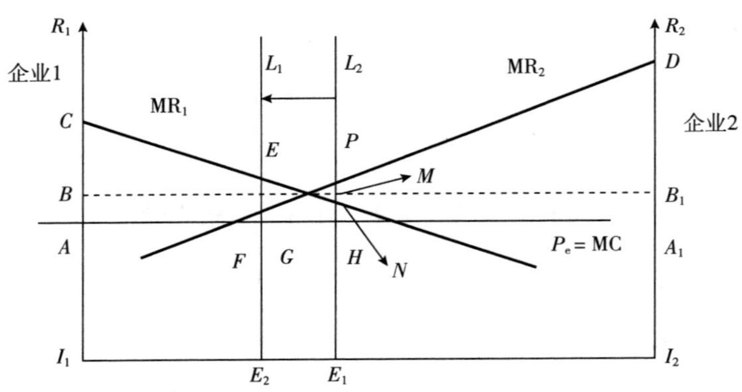

图 5-1　用能权交易制度的市场机制

综合宏观及微观两个层面来看，用能权交易制度通过市场调控机制降低了区域能耗，同时增加了区域整体产值，缩减了能源消费规模，利用能耗“双控”推动区域低碳发展。

（2）结构路径与技术路径。本书仿照 Zhang 等（2021）分析碳交易政策对碳排放配额的影响，通过建立以下数理模型来分析用能权交易驱动低碳发

展的结构路径及技术路径。其中，结构路径的具体表现形式是产业结构转型升级，技术路径的表现形式是绿色创新。

假定用能权交易制度实施后，地方政府分配的初始用能数量为 E，企业用来交易的用能数量为 e，则企业实际消耗的能源配额为 $E-e$，若 $e\leqslant 0$，则企业的能源消耗数量超过指定配额，企业为了继续经营则需要在用能市场上购买用能额度。假定在用能权交易市场上，用能交易价格 $P=b-ae$（a、b 均大于零，b 为初始用能交易价格，系数 a 为用能配额的边际成本），设单位能耗为企业带来的利润为 r，同时为了保证用能权交易的顺利推行，假定单位能耗为企业带来的收益大于用能权交易市场的初始价格（$r>b$）。则企业的利润函数为：

$$R_t=r(E-e_t)+Pe_t \tag{5-1}$$

1）若考虑产业结构转型升级。假设企业将其中一部分利润用于转型升级，设这部分成本与利润的比值为 λ_1，企业进行转型以后，实际能耗与原能耗的比值为 $1-\lambda_2$，节约的用能配额 μ_1 用于市场交易，其余 $1-\mu_1$ 用于企业生产，λ_1，λ_2，$\mu_1\in(0,\ 1)$。由此可知，产业结构转型升级后的实际能耗为 $(1-\lambda_2)(E-e_t)$，产业结构转型升级带来的用能配额节约量为 $\lambda_2(E-e_t)$，用于交易的用能配额 $e_{t+1}=e_t+\lambda_2\mu_1(E-e_t)$，此时企业的利润变为：

$$R_{t+1}=(1-\lambda_1)[r(E-e_{t+1})+Pe_{t+1}] \tag{5-2}$$

2）若考虑绿色创新。假设企业将其中一部分利润用于绿色生产技术研发，设这部分投入即企业用于绿色创新的成本占利润的比值为 θ_1，用能权交易倒逼企业进行绿色创新，进而改进企业现有生产方式及生产设备，提高能源利用效率及生产效率，增加企业净收益，实际能耗与原能耗的比值为 $1-\theta_2$，节约出来的用能配额 μ_2 用于市场交易，其余 $1-\mu_2$ 用于企业生产，θ_1，θ_2，$\mu_2\in(0,\ 1)$。由此可知，进行绿色创新后企业的实际能耗为 $(1-\theta_2)(E-$

e_t），绿色创新带来的用能配额节约量为 $\theta_2(E-e_t)$，用于交易的用能配额 $e_{t+2}=e_t+\theta_2\mu_2(E-e_t)$，此时企业的利润变为：

$$R_{t+2}=(1-\theta_1)[r(E-e_{t+2})+Pe_{t+2}] \quad (5-3)$$

企业利润最大化的条件为：

$$\frac{dR_t}{d_{e_t}}=0 \quad (5-4)$$

据此可得：

$$e_t=\frac{b-r}{2a} \quad (5-5)$$

$$e_{t+1}=\frac{b-r}{2a}+\lambda_2\mu_1\left(E-\frac{b-r}{2a}\right) \quad (5-6)$$

$$e_{t+2}=\frac{b-r}{2a}+\theta_2\mu_2\left(E-\frac{b-r}{2a}\right) \quad (5-7)$$

通过式（5-5）可知，$e_t<0$，说明实施用能权交易制度后，企业需要在用能市场购买用能份额。将式（5-6）和式（5-7）与式（5-5）对比可知，$e_{t+1}>e_t$ 且 $e_{t+2}>e_t$，说明在考虑产业结构和绿色创新因素后，企业可用于市场交易的用能数量增加了，当 $E>(1-\lambda_2\mu_1)(r-b)/2a\lambda_2\mu_1$ 时，$e_{t+1}>0$，当 $E>(1-\theta_2\mu_2)(r-b)/2a\theta_2\mu_2$ 时，$e_{t+2}>0$。

依据经济增长理论，并假设生产函数满足希克斯中性，生产函数为 $Y=Af(L, K, E)$，Y、A、L、K、E 分别代表产出、技术进步、劳动投入、资本投入及能源投入。企业为保持成本最小化的成本函数以柯布—道格拉斯函数形式表示如下：

$$C(P_L, P_K, P_E, Y)=A^{-1}P_L^{\alpha_L}P_K^{\alpha_K}P_E^{\alpha_E}Y \quad (5-8)$$

式（5-8）中，P_L、P_K、P_E 为各生产要素的价格，α_L、α_K、α_E 为对应的产出弹性，且 $\alpha_L+\alpha_K+\alpha_E=1$。由谢菲尔德引理及自由竞争市场下各要素具有相同边际生产率假设可知：

$$\frac{\partial C(P_L,\ P_K,\ P_E,\ Y)}{\partial P_E}=E=\frac{\alpha_E A^{-1} P_L^{\alpha_L} P_K^{\alpha_K} P_E^{\alpha_E} Y}{P_E} \tag{5-9}$$

令 $P_L^{\alpha L} P_K^{\alpha K} P_E^{\alpha E}=T$，则 $E=\alpha_E A^{-1} TY/P_E$。同时，在当前碳达峰、碳中和背景下，还应将碳排放约束纳入生产函数，而碳排放主要来源于能源消耗，假定碳排放与能源消耗量成正比，由此可得：

$$Y=A\varphi(Z)k(E-e) \tag{5-10}$$

式（5-10）中，Z 为投入要素的集合，同时从理论上来讲，全要素碳生产率高意味着能源投入要素越低，产生的非期望产出碳排放越低，而期望产出 Y 越高。为简化研究，据此通过下式得到全要素碳生产率：

$$TFCP=\frac{Y}{E}=\frac{Y}{\frac{\alpha_E A^{-1} TY}{P_E}}=\frac{AP_E}{\alpha_E T} \tag{5-11}$$

将式（5-10）代入式（5-11）可得：

$$TFCP=\frac{P_E}{\alpha_E T}\cdot\frac{Y}{\varphi(Z)k(E-e)}=\frac{P_E\varphi(Y,\ Z)}{k\alpha_E T(E-e)} \tag{5-12}$$

通过式（5-12）可知，全要素碳生产率（$TFCP$）与能源消耗量（$E-e$）呈反比关系，而通过之前的分析可知，在考虑产业结构因素及绿色创新因素之后，企业的能源消耗量（$E-e$）均有所减少，说明产业结构转型升级及绿色创新降低了企业的能源消耗，进而降低了碳排放，同时有助于提高全要素碳生产率。即产业结构转型升级和绿色创新是用能权交易制度驱动低碳发展的重要途径。

据此，本章提出以下研究假设：

假设 H1：用能权交易制度具有显著的低碳发展效应。

假设 H2：用能权交易制度通过能耗“双控”效应、产业结构效应以及绿色创新效应三条路径助力城市低碳发展。

5.1.2.2　经济增长目标及要素错配对用能权交易驱动城市低碳发展的调节作用

《用能权有偿使用和交易制度试点方案》中提到，要发挥市场在资源配置中的决定性作用以及更好地发挥政府作用。据此可以推测，政府行为及市场环境会对环境规制的低碳治理效果产生重要影响。

从地方政府设定的经济增长目标来看，经济增长目标具有强激励性，基于传统晋升锦标赛激励的经济增长目标会强化地方政府的经济发展动机，并驱动地方政府以牺牲环境为代价，优先发展地方经济。一方面，地方为保证经济快速增长，被迫采用"逐底竞争"的方式降低环境准入门槛，吸引高碳排放企业入驻辖区以拉动经济，由此形成"污染避难所效应"，制约地区低碳发展；另一方面，地方政府在经济增长目标压力下更倾向于采用粗放型发展模式，优先将资金投入到铁路、公路、地产等经济增长见效快的传统基础设施行业，严重挤占地方创新资金投入，进而形成产业结构固化及创新活动阻滞的不利局面。由此削弱了用能权交易制度等正式环境规制带来的产业结构效应及绿色创新效应，进而阻碍了城市低碳发展。

从市场分割格局引致的要素错配来看，在我国市场化改革过程中，存在要素市场滞后于产品市场的问题，因此地方政府会加强对要素市场的干预和控制，并人为压低要素价格，导致要素市场错配（张杰等，2011）。地方政府也更倾向于选择要素价格更低的粗放型发展模式促进经济增长，从而造成了严重的碳排放问题。此外，在地方保护主义和市场分割格局下，要素错配还会降低能源效率。随着人力及资本的价格被抬高，在一些资源比较富裕的地区，可能出现能源要素价格低于劳动力及资本要素价格的情况，由此，企业将通过投入大量的能源要素来代替其他高成本生产要素（魏楚和郑新业，2017）。这无疑会加剧企业能耗，并导致能源利用效率低下等问题。总的来

看，要素错配不利于用能权交易制度发挥能耗“双控”效应，进而削减了用能权交易制度的低碳治理红利。

据此，本章提出以下研究假设：

假设 H3：经济增长目标削弱了用能权交易制度的产业结构效应及绿色创新效应，要素错配弱化了用能权交易制度的能耗“双控”效应，二者对用能权交易制度的低碳发展效应产生负向调节作用。

5.2 研究设计

5.2.1 实证策略

本书探讨的核心内容是用能权交易制度对碳排放及全要素碳生产率的影响。为此，将用能权交易制度的实施看作一项准自然实验，将用能权交易试点地区作为实验组，将未试点地区看作对照组，利用双重差分法检验用能权交易影响碳排放及全要素碳生产率的净效应。设定基准回归模型如下：

$$y_{it} = \alpha_0 + \alpha_1 treat_{it} \times time_{it} + \beta_j \sum X_{jit} + \mu_i + \nu_t + \varepsilon_{it} \tag{5-13}$$

式（5-13）中，i、t 表示城市与年份；被解释变量 y_{it} 为碳排放及全要素碳生产率；$treat_{it} \times time_{it}$ 为本书核心解释变量，系数 α_1 表示用能权交易对全要素碳生产率的净效应；X_{jit} 为一系列控制变量，包括经济发展水平、人口密度、研发投入、外商直接投资、金融发展、对外开放等；μ_i 为地区固定效应；ν_t 为时间固定效应；ε_{it} 为随机扰动项。

5.2.2 变量选取

5.2.2.1 被解释变量：碳排放（*ce*）与全要素碳生产率（*tfcp*）

本书选取碳排放及全要素碳生产率作为被解释变量，从碳“减排”和“增效”这两个层面衡量城市低碳发展。一方面，在国家碳达峰、碳中和背景下，降低碳排放总量是当前的首要目标，故选取城市碳排放量作为碳“减排”层面的被解释变量。另一方面，低碳发展要求在减少高碳能源的基础上不影响经济发展，即实现碳减排与经济发展的“双赢”。将能源消耗与碳排放置于同一框架的全要素碳生产率能很好地兼顾节能减排与经济增长，因此将全要素碳生产率作为城市低碳发展“增效”层面的被解释变量。

（1）碳排放（*ce*）。参考吴建新和郭智勇（2016）的做法，从两个方面测算城市碳排放：一是直接能源消耗产生的碳排放，鉴于城市层面能源数据的可获取性，主要选取了煤气及液化石油气这两类能源；二是电能、热能以及交通运输等间接产生的碳排放。上述四种类型碳排放的计算方法及相关说明如表 5-1 所示。

表 5-1　城市碳排放类别及相关说明

碳排放类别		计算公式	相关说明
直接碳排放	煤气及液化石油气	$ECG_i = GAS_{1i} \times NVI_1 \times EF_1 + LPG_{2i} \times NVI_2 \times EF_2$	GAS_{1i} 和 LPG_{2i} 分别为城市煤气及液化石油气消耗量，NVI_1 及 NVI_2 为相应的发热值，EF_1 和 EF_2 为对应的碳排放因子
间接碳排放	电能	$ECE_i = EC_{1i} \times PGEF_{1\theta}$	ECE_i 为用电碳排放，EC_{1i} 为城市用电量，$PGEF_{1\theta}$ 为城市所在区域电网碳排放因子，θ 取值为 1~6，代表华北、东北、华东、华中、西北和南方 6 大区域电网
	热能	$HCE_i = S_i \times M_i \times EF_3$	HCE_i 为热能碳排放，S_i 为城市 i 的供暖面积，M_i 为城市 i 单位面积供暖的煤耗，EF_3 为标准煤的碳排放因子

续表

碳排放类别		计算公式	相关说明
间接碳排放	交通运输	$TCE_i=\sum_m R_{mi}\times L_m\times\omega_m\times\psi_m+\sum_n R_{ni}\times L_n\times\omega_n\times\psi_n$	R_{mi} 为城市 i 铁路客运（$m=1$）、公路客运（$m=2$）、水路客运（$m=3$）以及民航客运（$m=4$）量，R_{ni} 为城市 i 铁路货运（$m=1$）、公路货运（$m=2$）、水路货运（$m=3$）以及民航货运（$m=4$）量，L、ω 和 ψ 分别为对应的里程数、百公里油耗系数及对应的碳排放系数
总计		$CE_i=ECG_i+ECE_i+HCE_i+TCE_i$	CE_i 为城市 i 的碳排放总量

（2）全要素碳生产率（*tfcp*）。采用 Super-SBM 模型进行测算，相关指标体系主要包括三大块，分别是投入、期望产出和非期望产出。其中，投入指标包括劳动力投入、资本投入以及能源投入；产出变量包含期望产出和非期望产出两类。具体如下：①劳动力投入。采用年末单位从业人数表示。②资本投入。参考单豪杰（2008）的做法，采用经永续盘存法计算的城市固定资本存量表示。③能源投入。将上述四类碳排放按能源折合标准煤系数进行能源折算，加总得到各市能源消耗总量。④期望产出。选取地区实际 GDP 表示。⑤非期望产出。采用前文测算出城市层面碳排放表示。其中，城市生产总值和固定资产投资均根据相应价格指数以 2011 年为基期进行平减。

5.2.2.2 核心解释变量：用能权交易政策（*treat*×*time*）

本书以虚拟变量 *treat*×*time* 来表示用能权交易政策变量。*treat*、*time* 分别为组间虚拟变量和时间虚拟变量，若城市 i 在第 t 年被认定为用能权交易试点城市，则相应的 $treat_{it}\times time_{it}$ 在当年及之后的年份取值为 1，否则取值为 0。在本书样本期内，共有 55 个城市被列入用能权交易试点城市，故本书的实验组样本最终包含 55 个城市样本，对照组包含 227 个城市样本。

5.2.2.3 控制变量

参考丁从明等（2018）、罗能生等（2019）、余泳泽等（2019）的研究，本书选取以下控制变量：①人口密度（*pd*），用单位行政区划面积人口数表示；②研发投入（*rd*），采用地方财政预算支出中科技支出与当地 GDP 占比表示；③外商直接投资（*fdi*），采用各市实际利用外资额占 GDP 比重表示；④金融发展（*fd*），采用各市金融机构各项贷款余额与当地 GDP 的比值表示；⑤对外开放（*open*），用地区进出口总额占地区 GDP 比重表示；⑥基础设施（*inf*），用城市人均道路面积的自然对数表示。

5.2.2.4 机制变量

通过前文理论分析可知，用能权交易通过能耗“双控”效应、产业结构效应及绿色创新效应驱动城市低碳发展。故选取以下机制变量：

（1）能耗“双控”效应，选取前文测算的能源消耗总量及能源消耗强度作为能耗“双控”效应对应的机制变量。

（2）产业结构方面，选取产业结构高级化（*ais*）和产业结构合理化（*ris*）进行衡量。其中，产业结构高级化参考付凌晖（2010）的研究，通过向量夹角进行计算。产业结构高级化表现为三次产业占比的相对变化，先按照三次产业将 GDP 分为三个部分，每部分增加值与 GDP 的比重作为空间向量的一个分向量，并构造一组三维向量 $X_0=(X_{1,0}, X_{2,0}, X_{3,0})$，然后计算 X_0 与 $X_1=(1, 0, 0)$，$X_2=(0, 1, 0)$，$X_3=(0, 0, 1)$的夹角，θ_j 计算公式如下：

$$\theta_j = \arccos\left[\frac{\sum_{i=1}^{3}(X_{ij}\cdot X_{i0})}{\left(\sum_{i=1}^{3}(X_{ij}^2)^{1/2}\cdot\sum_{i=1}^{3}(X_{i0}^2)^{1/2}\right)}\right](j=1, 2, 3) \tag{5-14}$$

定义产业结构高级化的值如下：

$$ais = \sum_{k=1}^{3}\sum_{j=1}^{k}\theta_j \tag{5-15}$$

产业结构合理化参考干春晖等（2011）的研究，运用重新定义的泰尔指数进行测算，具体公式如下：

$$ris = \sum_{i}^{n}\left(\frac{Y_i}{Y}\right)\ln\left(\frac{Y_i}{L_i}\bigg/\frac{Y}{L}\right) \tag{5-16}$$

其中，Y 代表产值，L 代表就业人数，i 代表产业，该指数考虑了产业的相对重要性，同时保留了结构偏离度的理论基础及经济含义，因此可以很好地度量产业结构合理化。

（3）绿色创新效应，选择每万人绿色发明专利数及绿色发明专利数与发明专利总数的比值作为绿色创新效应对应的机制变量。

5.2.3 样本选择与数据来源

考虑到数据的可获取性，本书剔除了三沙、儋州、毕节、铜仁等城市，最终选取 2011~2020 年中国 282 个城市进行实证分析，相关数据主要来源于历年《中国城市统计年鉴》《中国区域统计年鉴》及各市统计年鉴，部分缺失值根据年平均增长率予以补齐。此外，FDI 数据按各年人民币对美元汇率进行转换，为剔除价格因素干扰，所有涉及 GDP 的指标均以 2011 年为基期价格进行平减处理。

5.3 实证结果与分析

5.3.1 基准回归

表 5-2 详细汇报了用能权交易制度对城市碳排放及全要素碳生产率的影

响，模型 1 和模型 3 未添加控制变量，模型 2 和模型 4 分别在模型 1 和模型 3 的基础上增加了控制变量。实证结果表明，在控制了人口密度、研发投入、外商直接投资、金融发展、对外开放以及基础设施等因素后，用能权交易制度降低了城市碳排放并提高了全要素碳生产率，且均在 1%水平下显著，初步验证了假设 H1，即用能权交易制度作为一种正式环境规制，可以从碳“减排”及碳“增效”两个维度推动城市低碳发展。具体来看，相较于未试点城市，试点城市的碳排放降低了 4. 28%，全要素碳生产率增加了 14. 27%。

表 5-2　基准回归结果

变量	*ce*	*ce*	*tfcp*	*tfcp*
	模型 1	模型 2	模型 3	模型 4
treat×*time*	−0. 0286***	−0. 0428***	0. 1760***	0. 1427***
	(0. 0110)	(0. 0088)	(0. 0071)	(0. 0101)
pd		−10. 2891***		4. 5686***
		(2. 4272)		(1. 6760)
rd		0. 0611		0. 0244
		(0. 0490)		(0. 0163)
fdi		0. 0140		−0. 0011
		(0. 0063)		(0. 0021)
fd		0. 0207**		0. 0546
		(0. 0298)		(0. 0337)
open		0. 0118		0. 0114***
		(0. 0113)		(0. 0040)
inf		0. 0064***		0. 0056
		(0. 0022)		(0. 0050)
_*cons*	5. 9291***	6. 4111***	0. 6255***	0. 2603***
	(0. 0224)	(0. 1067)	(0. 0005)	(0. 0828)
城市固定	是	是	是	是
时间固定	是	是	是	是

续表

变量	ce	ce	tfcp	tfcp
	模型 1	模型 2	模型 3	模型 4
样本量	2820	2820	2820	2820
R-squared	0.6027	0.6131	0.1037	0.2785

注：***、**、*分别表示在1%、5%、10%水平下显著，括号内为聚类到城市层面的稳健标准误。

从控制变量来看，人口密度显著降低城市碳排放并提高全要素碳生产率，城市人口密度越大越有助于发挥人口的集聚效应，促进公共基础设施的共享，并形成有助于生产率提升的劳动力池，进而降低碳排放并推动城市低碳发展（王少剑和黄永源，2019）；金融发展显著增加城市碳排放，可能的原因在于金融发展加快了工业化及城市化进程，由此引致能源消耗增加，导致二氧化碳排放增加（严成樑等，2016）；对外开放显著提升了全要素碳生产率，可能是随着开放程度的提升，更多的外资企业被引进，外资企业相对于本土企业拥有更先进的生产技术，通过对本土企业的技术“示范”作用和对高能耗产品的“挤出”作用，促进本地的低碳转型（郭沛等，2013）；基础设施建设增加了城市碳排放，原因在于基础设施建设伴随有大量的能源消耗，由此加剧碳排放。

5.3.2 平行趋势检验

用双重差分法进行政策评估的一个重要前提是实验组与对照组要满足平行趋势，即在受到政策冲击之前，实验组与对照组的变化趋势保持一致。为此，参考 Alder 等（2016）的做法，通过构建用能权交易制度建立前 ϑ 年与建立后 φ 年虚拟变量，验证平行趋势假定同时分析用能权交易制度对城市碳排放及用能权全要素碳生产率的动态影响效应。具体模型设定如下：

$$y_{it} = \alpha_0 + \lambda_\vartheta \sum_{\vartheta=1}^{3} before_{it}^{\vartheta} + \lambda_\varphi \sum_{\varphi=1}^{3} after_{it}^{\varphi} + \beta_j \sum X_{jit} + \mu_i + \nu_t + \varepsilon_{it} \quad (5-17)$$

其中，$before_{it}^{\vartheta}$ 和 $after_{it}^{\varphi}$ 分别为用能权交易制度实施前第 ϑ 年以及用能权交易制度实施后 φ 年的虚拟变量，系数 λ_ϑ 描述的是用能权交易制度实施前处理组与控制组的差异，用于考察处理组与控制组在用能权交易制度建立之前城市碳排放总量与全要素碳生产率的平行趋势；系数 λ_φ 描述的是用能权交易制度建立之后处理组与控制组间的差异，用于考察用能权交易影响城市碳排放总量与全要素碳生产率的动态影响。其余变量则与式（5-13）保持一致。

表 5-3 报告了平行趋势检验结果，不难发现，在用能权交易建立前的各年份，回归系数均不显著。表明用能权交易制度成立之前，处理组与对照组的碳排放总量与全要素碳生产率不存在显著差异，即满足平行趋势假定。另外，从用能权交易制度的动态效应来看，用能权交易制度的碳“减排”和碳“增效”存在持续性，且随着时间的推移，低碳发展效果越发明显。

表 5-3　平行趋势检验

变量	*ce*	*tfcp*
	模型 1	模型 2
*before*3	-0.9716 (0.7196)	-0.1573 (0.1378)
*before*2	-0.8020 (0.6265)	-0.0837 (0.0741)
*before*1	-0.745 (0.5361)	-0.0553 (0.0435)
*after*1	-0.0594*** (0.0082)	0.0468*** (0.0049)
*after*2	-0.1192*** (0.0191)	0.1049*** (0.0049)

续表

变量	*ce*	*tfcp*
	模型 1	模型 2
after3	-0.1922***	0.1631***
	(0.0187)	(0.0050)
城市固定	是	是
时间固定	是	是
_*cons*	7.3795	0.5949
	(0.1197)	(0.0142)
样本量	2820	2820
R-squared	0.6129	0.7839

注：***、**、*分别表示在1%、5%、10%水平下显著，括号内为聚类到城市层面的稳健标准误。

5.3.3 稳健性检验

5.3.3.1 替换碳排放指标

参考 Chen 等（2020）的研究，利用美国宇航局提供的两套夜间灯光数据（DMSP/OLS 和 NPP/VIIRS）自上而下反演出中国县级碳排放，需要说明的是，两套夜间灯光数据来自不同的传感器，在数值上呈现出较大差异，为了保持两套数据口径统一。Chen 等进一步基于粒子群优化—反向传播（PSO-BP）算法，对两套夜间灯光数据做出调整，确保了数据的统一性，然后根据区县碳排放数据推算出各地级市碳排放总量，并将此作为非期望产出重新对城市层面全要素碳生产率进行测算。替换碳排放指标后的回归结果如表 5-4 模型 1 和模型 2 所示，可以看到，用能权交易制度依然可以从“减排”和“增效”两个层面促进城市低碳发展。

5.3.3.2 控制时间线性趋势

考虑到用能权交易试点城市与非试点城市存在事前差异，而试点城市的选择还与城市经济发展状况、人口密度、产业布局及资源环境约束等因素密切相关，试点城市与非试点城市事前固有的差异可能对本书的回归结果产生影响。为排除上述因事前差异造成的偏误，本书参照 Li 等（2016）的做法，在基准回归模型中加入事前变量与时间趋势多项式的交互项，构建如下模型：

$$y_{it} = \alpha_0 + \alpha_1 treat_{it} \times time_{it} + \beta_j \sum X_{jit} + s \times f(t) + \mu_i + \nu_t + \varepsilon_{it} \quad (5-18)$$

其中，s 为一系列事前变量，分别为是否为环保重点城市、是否为两控区城市、是否为胡焕庸线右侧城市、是否为省会或副省级城市①。$f(t)$ 为时间趋势项的多项式，具体表达式为 $f(t)=t+t^2+t^3$，$s\times f(t)$ 控制了城市固有的事前变量随时间推移可能对基本结果的影响，在一定程度上缓解了试点城市与非试点城市分配不随机造成的估计偏误。表 5-4 模型 3 和模型 4 报告了相应回归结果，核心解释变量显著性略微下降但方向保持不变，说明在考虑试点城市与非试点城市事前差异的前提下，估计结果依然保持稳健。

5.3.3.3 考虑滞后效应对结果的影响

考虑政策影响可能存在一定时滞，本书对用能权交易政策变量进行滞后一期处理；同时，为了避免联立方程偏误，遵循沈坤荣和金刚（2018）的做法，对所有控制变量也滞后一期，重新进行回归。从表 5-4 中模型 5、模型 6 的回归结果可以看出，在考虑滞后效应的前提下，用能权交易政策依然显著降低了试点城市的碳排放，同时提高全要素碳生产率。

5.3.3.4 考虑预期效应对结果的影响

在用能权制度实施前，试点地区可能会提前部署相关工作，由此产生预期效应，而这种预期效应可能对结果产生影响。为此，在基准回归的式（5-

① 列入环保重点城市名单的地区会增加环保投入，并更加重视对污染排放及碳排放等环境指标的考核，由此可认为该行为具有长期稳定性；“两控区”会受到资源环境约束，进而影响当地工业低碳转型；胡焕庸线左右两侧及城市级别则反映了当地经济发展、人口密度以及产业发展的综合状况。以上事前变量均可能随着时间的推移对本书的基本回归结果产生影响。

13）中加入用能权交易制度提前一年的虚拟变量 $predict_{it}$，从表 5-4 的模型 7 和模型 8 回归结果可以看到，纳入预期变量 $predict_{it}$ 后，核心解释变量 $treat \times time$ 的影响系数仍显著，同时预期变量并不显著，说明基准回归结果并未受到预期效应的影响。

5.3.3.5 剔除异常值干扰

为排除数据异常值对基准结果的影响，对样本数据进行上下 1%的 Winsorize 缩尾处理，重新回归，结果如表 5-4 中的模型 9 和模型 10 所示。可以看到，用能权交易制度对碳排放及全要素碳生产率的影响方向与基准回归一致，并在统计意义上仍然保持显著，进一步证实了基准结果的稳健性。

5.3.3.6 采用 PSM-DID 检验

由于不同地区能源禀赋及生态环境状况存在较大差异，若上层决策者在选择试点地区时存在优先挑选能源稀缺或环境状况较差地区的倾向，必然会出现样本选择偏误问题。此时，处理组与控制组之间就会存在系统误差，导致政策评估结果不准确。为此，本书通过 PSM-DID 进一步检验用能权交易制度对城市碳排放及全要素碳生产率的影响。具体步骤为：首先利用 Logit 模型对用能权交易制度虚拟变量及协变量进行回归，得到倾向得分值；其次将倾向得分值最接近的城市与用能权交易试点城市样本配对，得到匹配后的样本，从而最大限度减小系统误差，避免样本选择偏误。

具体估计中，本书采用卡尺内一阶近邻匹配进行估计，PSM-DID 检验结果见表 5-4 中的模型 7 和模型 8，可以看到，用能权交易制度依旧显著降低了城市碳排放并提高全要素碳生产率。从数值上来看，相对于未试点用能权交易的城市，用能权交易试点城市的碳排放总量及全要素碳生产率分别降低和提高了 5.21%和 13.83%，无论是数值大小还是显著性水平均与基准回归结果相似，进一步证实了本书实证结果的稳健性。

表 5-4　稳健性检验回归结果

变量	替换碳排放指标		控制时间线性趋势		考虑滞后效应		考虑预期效应		剔除异常值		PSM-DID 估计	
	ce	*tfcp*	*ce*	*tfcp*	*ce*	*tfcp*	*ce*	*tfcp*	*ce*	*tfcp*	*ce*	*tfcp*
	模型 1	模型 2	模型 3	模型 4	模型 5	模型 6	模型 7	模型 8	模型 9	模型 10	模型 11	模型 12
treat×*time*	−0.0283*** (0.0091)	0.0013*** (0.0003)	−0.0206** (0.0090)	0.0006* (0.0003)			−0.068* (0.0381)	0.0096** (0.0041)	−0.0400*** (0.0130)	0.0089** (0.0038)	−0.0521*** (0.0153)	0.1383*** (0.0101)
L. treat×*time*					−0.0524*** (0.0198)	0.1459*** (0.0100)						
predict							−0.0145 (0.0771)	0.0076 (0.0096)				
控制变量	是	是	是	是	是	是	是	是	是	是	是	是
城市固定	是	是	是	是	是	是	是	是	是	是	是	是
时间固定	是	是	是	是	是	是	是	是	是	是	是	是
样本量	2820	2820	2820	2820	2538	2538	2820	2820	2820	2820	2694	2694
R-squared	0.123	0.0555	0.0872	0.7384	0.6097	0.2643	0.6139	0.7843	0.6217	0.6779	0.6196	0.273

注：***、**、*分别表示在 1%、5%、10%水平下显著，括号内为聚类到城市层面的稳健标准误。

5.3.3.7 排除其他政策对结果的影响

在本书选取的样本期内，我国还出台了多项环境政策，由于这些政策与本书重点探讨的用能权交易制度存在交叉，故可能会对结果产生影响。为排除其他环境政策对基准结果的影响，本书重点考虑了以下四种代表性环境政策：①低碳试点政策。本书所选的样本城市中有125个城市在样本期内陆续实施了低碳试点政策，因此有必要排除低碳试点政策对本书研究结果的影响。②碳排放权交易试点政策。在样本期内的282个城市中，有46个城市被列入碳交易试点城市，该政策同样可能会干扰用能权交易制度对碳排放及全要素碳生产率的影响。③排污权交易试点政策。在样本期内的282个城市中，有109个城市被列入碳交易试点城市，该政策遵从“末端治理”的思想，也会干扰用能权交易制度对碳排放的影响。④中央环保督察。此外，自上而下的环境规制，如中央环保督察也可能影响碳生产率。为排除上述环境规制试点政策对基准回归的影响，参照曹清峰（2020）的做法，在前文式（5-13）的基础上分别加入低碳试点政策变量（*lcp*）、碳交易试点政策变量（*ctp*）、排污权交易试点政策（*etp*）以及中央环保督察（*ei*）[①]。回归结果如表5-5中的模型1~模型8所示，不难发现，在控制上述三种环境政策后，用能权交易制度至少在5%显著性水平下促进城市低碳发展。

---

① 低碳试点政策变量由 lcp_{it} 表示，若城市 i 在第 t 年被列入低碳试点城市，则城市 i 在 t 年及之后的年份取值为1，否则取0。同理，碳交易试点政策变量由 ctp_{it} 表示，若城市 i 在第 t 年被列入低碳试点城市，则城市 i 在 t 年及之后的年份取值为1，否则取0；排污权交易试点政策变量由 etp_{it} 表示，若城市 i 在第 t 年被列入低碳试点城市，则城市 i 在 t 年及之后的年份取值为1，否则取0；中央环保督察政策变量由 ei_{it} 表示，若城市 i 在第 t 年被列为督察对象，则城市 i 在 t 年及之后的年份取值为1，否则取0。

表 5-5　排除其他政策干扰

变量	控制低碳试点		控制碳交易试点		控制排污权交易试点		控制中央环保督察	
	ce	*tfcp*	*ce*	*tfcp*	*ce*	*tfcp*	*ce*	*tfcp*
	模型 1	模型 2	模型 3	模型 4	模型 5	模型 6	模型 7	模型 8
treat×time	-0.0279***	0.1367***	-0.0829**	0.1364***	-0.0429**	0.1427***	-0.0327***	0.1338***
	(0.0091)	(0.0102)	(0.0385)	(0.0096)	(0.0197)	(0.0101)	(0.0116)	(0.0335)
lcp	0.0290	0.0794***						
	(0.0233)	(0.0161)						
ctp			0.293	0.046				
			(0.1851)	(0.0280)				
etp					-0.2106	0.1411***		
					(0.3983)	(0.0010)		
ei							-0.1178	0.0411***
							(0.0983)	(0.0120)
控制变量	是	是	是	是	是	是	是	是
城市固定	是	是	是	是	是	是	是	是
时间固定	是	是	是	是	是	是	是	是
样本量	2820	2820	2820	2820	2820	2820	2820	2820
R-squared	0.6156	0.2918	0.6149	0.2795	0.6131	0.2789	0.6142	0.2863

注：***、**、*分别表示在1%、5%、10%水平下显著，括号内为聚类到城市层面的稳健标准误。

5.3.3.8　安慰剂检验

参考 Li 等（2016）的做法，通过随机选取用能权交易试点城市样本进行安慰剂检验。具体操作为：在本书的 282 个城市样本中共有 55 个用能权交易试点城市，首先以 2017 年为政策实施年份，随机选取实验组城市，并构造假的实验组变量 did_{it}^{false}（$did_{it}=treat_{it}\times time_{it}$）；其次基于式（5-13）对碳排放和全要素碳生产率重复进行 400 次回归，图 5-2 和图 5-3 分别绘制了以碳排放及全要素碳生产率为被解释变量的 did_{it}^{false} 回归系数的分布。不难发现，图 5-2 和图 5-3 中通过随机选择实验组样本估计得到的回归系数均分布在 0 附近，并

都与基准回归结果存在显著差异。说明用能权交易制度对碳排放及全要素碳生产率的影响并未受到遗漏变量的干扰，再次证实了基准回归结果的稳健性。

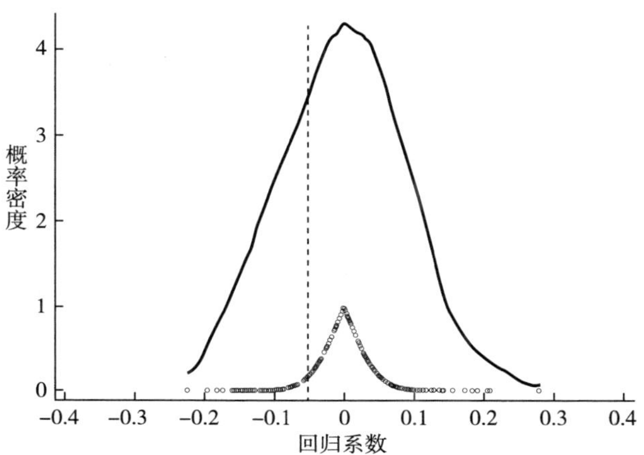

图 5-2　以碳排放为被解释变量的安慰剂检验结果

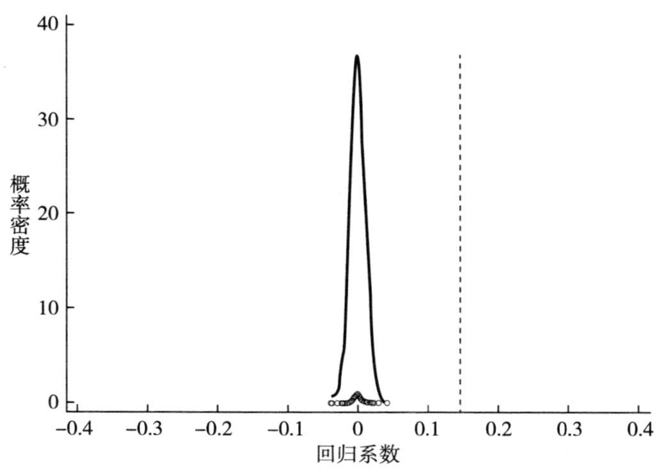

图 5-3　以全要素碳生产率为被解释变量的安慰剂检验结果

5.3.4 内生性探讨

使用双重差分法虽然能在一定程度上克服内生性问题，但前提是选取的用能权交易试点城市是随机进行的，然而该前提在现实中很难满足。用能权交易试点城市的选取可能受到潜在影响因素的影响，由此导致的内生性问题会影响本书的基准回归结果。据此，参考 Hering 和 Poncet（2014）、史丹和李少林（2020）的做法，选用空气流通系数作为工具变量的理由在于：第一，用能权交易制度实施的核心目标是节能减排，推进绿色低碳发展。由能源消耗导致的污染物排放总量一定时，若城市空气流通系数越小，则城市上空的污染物检测浓度越大，由此被选进用能权交易试点城市的概率越大。这就满足了空气流通系数作为工具变量的相关性约束，即空气流通系数与城市是否被纳入用能权交易试点呈负相关。第二，空气流通系数的测算参考 Hering 和 Poncet（2014）的方法，采用以下公式：

$$caf_{it}=ws_{it}\times blh_{it} \tag{5-19}$$

其中，caf_{it} 为城市 i 在年份 t 的空气流通系数，ws_{it}、blh_{it} 为对应的风速和大气边界层高度，原始数据均来自欧洲中期天气预报中心（ECMWF）发布的经纬度栅格气象数据，并进一步通过 Arcgis 软件将栅格数据解析为地级市层面年平均数据。由此可见，空气流通系数由气象及地理条件等自然因素决定，由此满足作为工具变量的外生性约束。

工具变量回归结果如表 5-6 所示，iv 即工具变量，为各城市空气流通系数年平均值取对数。从第一阶段回归结果可以看到，工具变量对核心解释变量的影响显著为负，即空气流通系数与城市是否被纳入用能权交易试点呈负相关，这一点与之前的预期相符。此外，Kleibergen-Paap rk LM 统计量为 85.253，对应 P 值为 0，说明不存在识别不足的问题；Cragg-Donald Wald F

的值为124.874，远大于Staiger和Stock（1997）提出的相关工具变量为10的经验值，说明不存在弱工具变量问题。综合来看，本书选取的工具变量是合理的。从第二阶段的回归结果可以看出，解释变量的系数同样与预期相符，说明在考虑内生性的前提下，用能权交易制度仍然可以从“减排”和“增效”两个维度促进城市低碳发展。

表5-6 工具变量回归结果

变量	第一阶段回归	第二阶段回归	
	treat×time	*ce*	*tfcp*
	模型1	模型2	模型3
iv	−0.2677*** (0.0240)		
treat×time		−1.5042*** (0.2450)	0.1967*** (0.0338)
控制变量	是	是	是
城市固定	是	是	是
时间固定	是	是	是
样本量	2820	2820	2820
R-squared	0.1349	0.9624	0.8911

注：***、**、*分别表示在1%、5%、10%水平下显著，括号内为聚类到城市层面的稳健标准误。

5.3.5 异质性分析

5.3.5.1 不同区位城市的异质性影响

我国幅员辽阔，不同地区经济发展水平存在较大差异。与内陆地区相比，沿海地区发展迅速，各类产业更完善，经济结构更为健全，由经济高速增长引致的能源消耗也更多①，并造成大量的碳排放。那么，作为正式环境规制，

① 通过计算，样本期内，沿海城市平均能耗为3602.75万吨标准煤，内陆城市平均能耗为1581.77万吨标准煤。

用能权交易制度是否可以促进沿海城市碳减排，推动其低碳发展？为此，本书按照《中国海洋统计年鉴》对沿海及内陆城市的划分标准，将样本城市划分成52个沿海城市及230个内陆城市。分组回归结果如表5-7中模型1~模型4所示。从模型1~模型4的回归系数来看，无论是在沿海城市，还是内陆城市，用能权交易制度均发挥了碳“减排”及碳“增效”作用，且该作用效果在1%水平下显著。但从回归系数大小来看，用能权交易制度显然对内陆城市低碳发展的促进效果更好。

表5-7　城市区位异质性检验结果

变量	沿海城市		内陆城市	
	ce	*tfcp*	*ce*	*tfcp*
	模型1	模型2	模型3	模型4
treat×time	-0.0508*** (0.0190)	0.1360*** (0.0211)	-0.1304*** (0.0410)	0.1432*** (0.0106)
控制变量	是	是	是	是
城市固定	是	是	是	是
时间固定	是	是	是	是
样本量	520	520	2300	2300
R-squared	0.1749	0.3348	0.6391	0.2845

注：***、**、*分别表示在1%、5%、10%水平下显著，括号内为聚类到城市层面的稳健标准误。

对以上结果可能的解释是，内陆欠发达地区仍处在工业化及城市化快速发展阶段，仍存在有色金属、化工、钢铁建材等高污染高能耗产业占比过高等问题，实施用能权交易制度，坚持市场导向，能更有效推动能源要素向优质项目、企业、产业流动和汇集，促进内陆企业节能减排技术，提高能源利用效率，推动内陆产业优化升级，进而促进内陆城市低碳转型发展，用能权交易制度对内陆地区低碳发展起到“雪中送炭”的作用。而沿海发达地区经济发展水平相对更高，相较于内陆地区，沿海地区在要素集聚、创新水平、制度及市场环境等方面均更具优势，因而用能权交易制度也能充分发挥其制度优越性，改善沿海地区能源结构，为沿海城市低碳转型带来“锦上添花”的效果。

5.3.5.2 不同资源禀赋城市的异质性影响

为考察不同资源禀赋下用能权交易制度对资源型城市和非资源型城市低碳发展的影响差异，本书参考 2013 年 12 月 3 日国务院印发的《全国资源型城市可持续发展规划（2013—2020 年）》，根据各城市的资源禀赋，将本书选取的 282 个城市划分为 115 个资源型城市和 167 个非资源型城市。表 5-8 中的模型 1~模型 4 从碳“减排”及碳“增效”视角报告了用能权交易制度对不同资源禀赋城市的异质性影响。可以看到，用能权交易制度仅在资源型城市存在显著的碳“减排”作用。从碳“增效”的结果来看，资源型城市和非资源型城市的估计系数都在 1%水平下显著，但资源型城市的估计系数更大。上述结果表明，用能权交易制度更有利于资源型城市的低碳发展。可能的原因在于资源型城市产业结构相对单一，且以劳动密集型和资本密集型等高碳排放产业为主。用能权交易制度更有利于资源型城市创新要素流动，通过低碳生产技术的外溢加快资源型城市实现产业结构转型升级，进而促进资源型城市低碳发展。

表 5-8 城市资源禀赋异质性检验结果

变量	资源型城市		非资源型城市	
	ce	*tfcp*	*ce*	*tfcp*
	模型 1	模型 2	模型 3	模型 4
treat×time	−0.2210*	0.1679***	0.0708	0.1198***
	(0.1246)	(0.0151)	(0.0982)	(0.0124)

续表

变量	资源型城市		非资源型城市	
	ce	*tfcp*	*ce*	*tfcp*
	模型 1	模型 2	模型 3	模型 4
控制变量	是	是	是	是
城市固定	是	是	是	是
时间固定	是	是	是	是
样本量	1140	1140	1680	1680
R-squared	0. 6009	0. 2281	0. 6437	0. 4085

注：***、**、*分别表示在1%、5%、10%水平下显著，括号内为聚类到城市层面的稳健标准误。

5. 3. 6 机制分析

通过以上实证分析结果可知，用能权交易制度从碳“减排”和碳“增效”两个层面促进城市低碳发展，持续释放市场型环境规制的城市低碳治理红利。然而市场型环境规制驱动城市低碳转型的作用渠道还有待进一步探讨。根据前文机理分析可知，用能权交易制度主要依靠能耗双控效应、产业结构效应以及绿色创新效应这三条路径推动城市低碳发展，为此本书接下来将从上述三个路径展开分析。

与前文类似，考虑到使用中介效应存在内生性偏误及影响渠道识别不清等问题，这里我们直接考察核心解释变量与机制变量之间的因果关系，再利用经验分析机制变量与被解释变量的关系。模型设定如下：

$$m_{it} = \beta_0 + \beta_1 treat_{it} \times time_{it} + \gamma_j \sum x_{jit} + \mu_i + \nu_t + \varepsilon_{it} \tag{5-20}$$

其中，i、t 分别表示城市和年份；m_{it} 表示机制变量；其他变量与式（5-13）保持一致。

首先，用能权交易制度通过能耗“双控”效应推动城市低碳发展。为验证该机制，本书选取能源消耗总量和能源消耗强度作为机制变量，表 5-9 模

型1和模型2显示，用能权交易制度对能源消耗总量及能源消耗强度的影响在1%和5%水平下显著，说明用能权交易制度的实施有助于城市能源总量及强度的“双控”。城市能源消耗是碳排放的主要源头，从源头上抑制碳排放是助推城市低碳发展的关键因素。为完善能耗双控指标管理，国家将能耗强度降低作为经济社会绿色高质量发展的重要约束性指标，实施用能权交易制度的城市为响应国家政策，会通过管控高耗能高排放项目、积极发展清洁能源技术等手段来严格控制其能源消耗总量及能源消耗强度，从而降低碳排放，提升碳排放绩效。由此可见，能耗“双控”是用能权交易制度推进城市低碳发展的重要影响渠道。

表 5-9 机制检验结果

变量	能耗“双控”效应		产业结构效应		绿色创新效应	
	能源消耗总量	能源消耗强度	产业结构高级化	产业结构合理化	每万人绿色发明专利数	绿色发明专利数/发明专利总数
	模型 1	模型 2	模型 3	模型 4	模型 5	模型 6
treat×time	-0.0755**	-0.1318***	0.0430**	-0.4651	0.338***	0.0625***
	(0.0378)	(0.0288)	(0.0167)	(0.4329)	(0.1249)	(0.0219)
控制变量	是	是	是	是	是	是
城市固定	是	是	是	是	是	是
时间固定	是	是	是	是	是	是
样本量	2820	2820	2820	2820	2820	2820
R-squared	0.6627	0.1421	0.6657	0.0062	0.3383	0.0487

注：***、**、*分别表示在1%、5%、10%水平下显著，括号内为聚类到城市层面的稳健标准误。

其次，用能权交易制度通过产业结构效应促进城市低碳发展。为验证该机制，本书从产业结构高级化和产业结构合理化两个层面衡量产业结构。表5-9中模型3和模型4的结果分别展示了用能权交易的实施对产业结构高级化、产业结构合理化的影响结果。不难看出，用能权交易在5%显著性水平下促进了产业结构高级化，而对产业结构合理化的影响不显著。用能权交易制度主要针对试点区域内的钢铁、水泥、造纸等高耗能高碳排放产业，依据各地区经济发展状况、产业布局及节能潜力确定各地市能源消费目标，在能耗目标约束下倒逼劳动力、资本及能源等生产要素流向能源利用效率更高的低碳排放行业，进而推进产业结构向更高层次发展，同时带动了地区低碳发展。值得注意的是，用能权交易制度并未促进产业结构合理化，可能是产出与就业的耦合程度低所致。由此可知，用能权交易制度可以通过促进产业结构高级化的产业结构效应驱动城市低碳发展。

最后，用能权交易制度通过绿色创新效应驱动城市低碳发展。为验证该机制，本书分别选取每万人绿色发明专利数以及绿色发明专利数与发明专利总数的比值衡量城市绿色创新水平。表 5-9 中模型 5 和模型 6 的结果显示，用能权交易在 1%显著性水平下促进了城市绿色创新水平。理论上讲，绿色技术创新是降低城市碳排放，促进城市低碳转型的重要因素。如前文理论分析，用能权交易制度通过给企业施加成本压力，同时利用市场型环境规制的“波特效应”倒逼高碳排放企业进行绿色改造，进而提高企业能源利用效率，降低碳排放，推动区域低碳转型。

5.4 拓展性分析：经济增长目标及要素错配的调节作用

本书围绕用能权交易制度这种市场型环境规制如何促进城市低碳发展这一问题展开论述，而上述实证结果证实了用能权交易制度的低碳发展效应，并且还具有显著的异质性特征。然而，在此过程中，地方政府为保持适宜的经济增长而制定的经济增长目标以及市场中普遍存在的要素错配现象，均可能影响用能权交易制度的低碳治理效果。为此，本书从经济增长目标、劳动要素错配以及资本要素错配三个属性出发，进一步探讨经济增长目标及要素错配对用能权交易制度低碳发展效应的调节作用。为验证假设 H3，本书构建调节效应模型如下：

$$y_{it} = \alpha_0 + \alpha_1 treat_{it} \times time_{it} \times egt_{it} + \alpha_2 treat_{it} \times time_{it} + \alpha_3 egt_{it} + \beta_j \sum X_{jit} + \mu_i + \nu_t + \varepsilon_{it} \tag{5-21}$$

$$y_{it} = \alpha_0 + \alpha_1 treat_{it} \times time_{it} \times tli_{it} + \alpha_2 treat_{it} \times time_{it} + \alpha_3 tli_{it} + \beta_j \sum X_{jit} + \mu_i + \nu_t + \varepsilon_{it} \tag{5-22}$$

$$y_{it} = \alpha_0 + \alpha_1 treat_{it} \times time_{it} \times tki_{it} + \alpha_2 treat_{it} \times time_{it} + \alpha_3 tki_{it} + \beta_j \sum X_{jit} + \mu_i + \nu_t + \varepsilon_{it} \tag{5-23}$$

其中，egt 表示经济增长目标，参考詹新宇和刘文彬（2020）的研究，选取地级市政府工作报告中的经济增长目标值衡量；tli 和 tki 分别表示劳动错配指数和资本错配指数，本书参考白俊红和刘宇英（2018）的研究，采用如下资源错配指数衡量城市要素错配程度：

$$\gamma_{ki} = \frac{1}{1+\tau_{ki}}，\gamma_{li} = \frac{1}{1+\tau_{li}} \tag{5-24}$$

$$\gamma_{ki} = \left(\frac{K_i}{K}\right) \bigg/ \left(\frac{s_i\beta_{ki}}{\beta_k}\right)，\gamma_{li} = \left(\frac{L_i}{L}\right) \bigg/ \left(\frac{s_i\beta_{li}}{\beta_l}\right) \tag{5-25}$$

其中，γ_{ki}、γ_{li} 为要素价格相对扭曲系数，$s_i = p_i y_i / Y$ 为城市 i 的产出占总产出 Y 的比例，$\beta_k = \sum_{i=1}^{N} s_i \beta_{ki}$ 为产出加权的资本贡献值，K_i/K 为地区 i 拥有的资本与资本总量的实际比值，$s_i\beta_{ki}/\beta_k$ 为资本实现有效配置时城市 i 使用资本的理论比值。相应地，τ_{ki}、τ_{li} 为资本错配指数和劳动错配指数，数值越大说明资源错配程度越高，配置越不合理。其他变量与式（5-13）保持一致。

表 5-10 报告了经济增长目标及要素错配对用能权交易制度驱动城市低碳发展的调节作用结果。通过表 5-10 中模型 1、模型 2 的回归结果可以看到，用能权交易制度（*treat×time*）与经济增长目标（*egt*）的交互项对碳排放及全要素碳生产率的影响分别为正、负，且在 5%水平下显著。说明经济增长目标对用能权交易制度的碳“减排”及碳“增效”有负向调节作用。其中的缘由在于经济增长目标会强化地方政府的经济发展动机，为达到既定的目标值，地方政府往往会通过降低环境准入门槛等手段招商引资，由此形成以牺牲环境为代价的“逐底竞争”现象。此外，较高的经济增长目标还会造成地方政府的过度投资及重复建设等问题，由此加剧碳排放。综合来看，经济增长目标弱化了用能权交易的低碳发展效应。

表 5-10　调节作用回归结果

变量	经济增长目标的调节作用		劳动要素错配的调节作用		资本要素错配的调节作用	
	ce	*tfcp*	*ce*	*tfcp*	*ce*	*tfcp*
	模型 1	模型 2	模型 3	模型 4	模型 5	模型 6
treat×time	-0.0859 (0.3086)	0.0669** (0.0303)	-0.1251** (0.0519)	-0.0126 (0.0080)	-0.0348** (0.0152)	0.1245*** (0.0168)
treat×time×egt	0.0875** (0.0388)	-0.0044** (0.0020)				
egt	-0.0898 (0.0836)	-0.0226*** (0.0007)				
treat×time×tli			0.3439** (0.1408)	-0.0029** (0.0014)		
tli			0.1106** (0.0463)	-0.0312*** (0.0071)		
treat×time×tki					0.0035** (0.0016)	-0.0452** (0.0192)
tki					0.0927*** (0.0094)	0.0381*** (0.0107)

续表

变量	经济增长目标的调节作用		劳动要素错配的调节作用		资本要素错配的调节作用	
	ce	*tfcp*	*ce*	*tfcp*	*ce*	*tfcp*
	模型 1	模型 2	模型 3	模型 4	模型 5	模型 6
控制变量	是	是	是	是	是	是
城市固定	是	是	是	是	是	是
时间固定	是	是	是	是	是	是
样本量	2820	2820	2820	2820	2820	2820
R-squared	0. 6426	0. 2877	0. 6146	0. 2863	0. 6557	0. 2827

注：***、**、*分别表示在1%、5%、10%水平下显著，括号内为聚类到城市层面的稳健标准误。

此外，从表5-10中模型3~模型6的结果来看，用能权交易制度（*treat*×*time*）与劳动错配指数（*tli*）的交互项、用能权交易制度（*treat*×*time*）与资本错配指数（*tki*）的交互项对碳排放及全要素碳生产率的影响同样分别为正、负，且在5%水平下显著。说明劳动要素错配及资本要素错配同样负向调节用能权交易制度的低碳发展效果。原因在于我国财政分权体制强化了地方政府的财政自主权，阻碍了要素自由流动，造成要素扭曲错配的局面。这显然不利于用能权交易市场的发展，同时阻碍了生产要素流向优质项目、企业及产业，进而抑制了地区能源效率提升。即要素错配与用能权交易制度的基本原则相悖，阻碍了用能权交易制度的低碳效应。

本章小结

用能权交易制度作为党中央、国务院的决策部署以及推进生态文明体制改革的重大举措，对促进城市绿色高质量发展具有十分重要的意义。然而，目前有关用能权交易制度驱动城市低碳转型的实证研究还非常之匮乏，为检验用能权交易制度的城市低碳发展效应，采用2011~2020年全国282个城市面板数据，并借助双重差分模型科学评估了用能权交易制度对城市碳排放及全要素碳生产率的影响。主要结论如下：第一，用能权交易制度通过碳“减排”和碳“增效”两个维度推动城市低碳发展，该结论在替换碳排放指标、控制时间线性趋势、考虑滞后效应、考虑预期效应、剔除异常值干扰、采用PSM-DID估计、排除其他政策干扰、安慰剂检验、考虑内生性等多重稳健性检验后依然成立。第二，用能权交易制度对城市低碳发展存在异质性影响。相较于沿海城市和非资源型城市，用能权交易制度对内陆城市及资源型城市具有更显著的效果。第三，机制分析表明，用能权交易制度主要通过加强城市能源“双控”、促进产业结构高级化、提升绿色创新水平等途径实现低碳发展。第四，进一步研究发现，经济增长目标与要素错配对用能权交易制度的低碳发展效应起负向调节作用。

6　非正式环境规制对全要素碳生产率的影响研究

第 4 章、第 5 章分别从“末端治理”和“源头管控”视角探讨了两种典型正式环境规制与全要素碳生产率之间的因果关系，本章将进一步探讨环境信息公开这种非正式环境规制对全要素碳生产率的影响效应。研究内容包括以下两部分：第一，分析环境信息公开影响全要素碳生产率的影响机制。第二，构建双固定效应模型实证考察环境信息公开与全要素碳生产率之间的因果关系，并选取互联网普及率作为工具变量排除潜在的内生性。进一步地，还考察了环境信息公开对全要素碳生产率的异质性影响及其作用机制。

6.1　环境信息公开对全要素碳生产率的影响机制

长期以来，我们所遵循的环境治理方式都是以政府主导的“自上而下”型环境规制，即命令控制型与市场交易型环境规制。不可否认的是，以上两种正式的环境规制手段均对环境质量改善起到重要作用（Bento et al.，2015；

张同斌，2017），但是，不能忽视这些正式的环境规制约束范围外的一些不规范行为（苏昕和周升师，2019）。这时，非正式环境规制就能对正式环境规制存在的缺陷进行较好的弥补，在一定程度上缓解信息不对称等问题（Kathuria，2007）。非正式环境规制是指社会公众或非政府组织通过环境上访、投诉与上级协商等方式解决环境污染问题的行为（曾倩等，2020）。而环境信息公开是非正式环境规制的重要表现形式，也是影响产业结构、能源消费以及技术创新的重要因素（殷宇飞和杨雪锋，2020；陈浩等，2020）。据此，本书从产业结构效应、能源结构效应、技术创新效应这三条渠道分析环境信息公开对全要素碳生产率的作用机制。环境信息公开对城市全要素碳生产率的作用机制如图 6-1 所示。

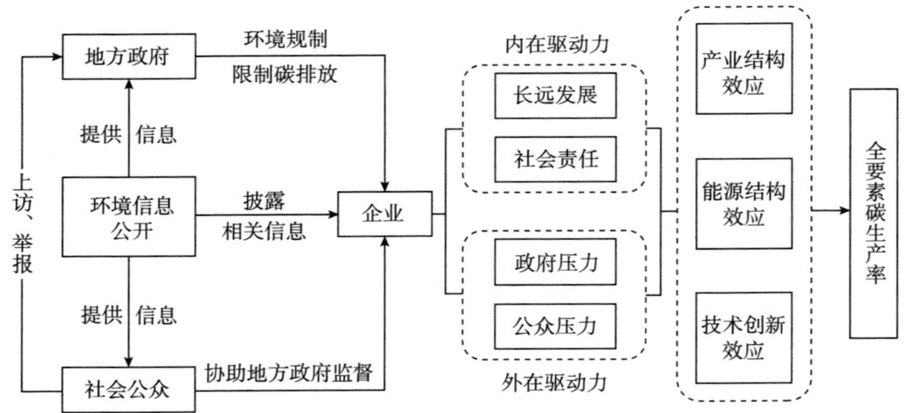

图 6-1　环境信息公开对城市全要素碳生产率的作用机制

首先，从地方政府角度，环境信息公开政策为地方政府了解管辖区域内的能源消耗及碳排放情况提供了依据，政府可以直观地了解当地企业的排放信息，并针对排放状况，对企业采取相应的环境规制手段。包括以制定相应的法律法规、行业进入标准为代表的命令型环境规制，以及以排污权交易和碳排放权交易为代表的市场型环境规制等。其次，从社会公众角度，环境信

息公开办法曝光了各地企业的排放信息，公众拥有了环境知情权。一方面，社会公众及非政府组织可以通过环境上访或电话举报等方式将自己了解到的关键信息提供给当地政府，然后由当地政府对被举报企业进行制裁，该过程能有效解决因信息不对称而导致的排放源遗漏等问题；另一方面，社会公众还起到了协助地方政府对污染企业进行监督的作用，极大地降低了政府的规制成本。最后，从企业自身来看，企业对生态环境的改善主要受内在驱动力和外在驱动力的双重影响。内在驱动力主要表现在以下两个方面：一方面，排放源信息曝光导致企业污染治理无法避免，企业为了获取长期利润，保证相对利益最大化，会尽快加大环保投入，降低环境非期望产出；另一方面，企业作为社会经济主体，往往抱有一定的社会责任感，企业在获得经济利益的同时需要兼顾环境质量，以满足消费者、投资者等各方利益主体的环境诉求（Garriga and Mele，2004）。而外在驱动力主要来源于地方政府和社会公众。对于企业的污染行为，政府采取规制手段强行限制企业的非期望产出。此外，在新经济背景下，公众环保意识不断提高，其消费方式也在向绿色可持续消费方向转变（任保平和苗新宇；2021）。公众绿色消费需求将带动企业对清洁能源的使用和对清洁技术的开发。综上所述，环境信息公开增加了企业各项污染数据的曝光率，企业出于自身长期发展和社会责任感的考虑，同时迫于地方政府和社会公众的双重压力，往往会通过提升产业结构效应、转变能源结构效应及提高技术创新效应这三种方式来提高全要素碳生产率。

具体来看，产业结构效应是指环境信息公开增加了企业污染排放及碳排放的曝光率，也增加了企业的生产成本。一方面，企业会选择以产业迁移的方式退出环境信息公开城市，降低城市碳排放；另一方面，环境信息公开会迫使地方政府淘汰导致高碳排放的产能，积极发展高新技术产业和第三产业，地方政府还会在环境保护和经济增长的双重压力下加大对新兴产业及企业创新研发投入（许梦博和李世斌，2021），促使产业结构由高排放、高污染向低消耗、高产出转变。产业结构的转型升级不仅带来了更高的经济增长，同时减少了资源的消耗和碳排放，进一步带来城市全要素碳生产率的提升。能源结构效应是指企业为减少污染排放及碳排放，会考虑降低传统化石能源的消费，增加清洁能源的使用。通过能源消费结构的转变，城市的环境质量得到了极大改善，全要素碳生产率也得到了提高。技术创新效应指的是环境信息公开通过政府及社会公众两方的压力，迫使企业加大对环保技术的研发投入，优化企业生产过程，降低能源消耗和碳排放，同时维持企业自身的经营不受影响，城市全要素碳生产率得以提升。总之，环境信息公开通过地方政府及社会公众来影响企业行为，企业进一步通过产业结构效应、能源结构效应以及技术创新效率影响城市全要素碳生产率。

基于以上分析，本章在此提出以下两个假设：

假设 H1：以环境信息公开为代表的非正式环境规制能提高城市全要素碳生产率。

假设 H2：环境信息公开通过提升产业结构效应、转变能源结构效应、提高技术创新效应这三条途径提升城市全要素碳生产率。

6.2 研究设计与变量选取

6.2.1 模型设定

为检验环境信息公开对城市全要素碳生产率的影响，参考杨煜等

（2020）的做法，设定以下计量模型：

$$tfcp_{it} = \alpha_0 + \alpha_1 piti_{it} + \beta_j \sum control_{jit} + \mu_i + \nu_t + \varepsilon_{it} \tag{6-1}$$

其中，$tfcp_{it}$ 为被解释变量，表示城市全要素碳生产率；$piti_{it}$ 为环境信息公开指数；$control_{jit}$ 为一系列控制变量，包括人口密度、研发投入、外商直接投资、金融发展、对外开放、基础设施等；ε_{it} 为随机误差项。

6.2.2 变量选取

6.2.2.1 被解释变量

全要素碳生产率（*tfcp*）。采用 Super-SBM 模型进行测算，相关指标体系主要包括三个部分，分别是投入、期望产出和非期望产出。其中，投入指标包括劳动力投入、资本投入以及能源投入；产出变量包含期望产出和非期望产出两类。具体如下：①劳动投入。用年末单位从业人数表示。②资本投入。参考单豪杰（2008）的做法，采用经永续盘存法计算的城市固定资本存量表示。③能源投入。按照第 3 章的方法测算出各市能源消耗总量。④期望产出。选取地区实际 GDP 表示。⑤非期望产出。用第 5 章测算出的城市层面碳排放表示。其中，城市生产总值和固定资产投资均根据相应价格指数以 2013 年为基期进行平减。

6.2.2.2 解释变量

环境信息公开程度采用公众环境研究中心（IPE）和自然资源保护协会（NRDC）共同发布的 PITI 指数来表示。该指数由污染源日常监管信息公示、污染源集中整治信息公示、清洁生产审核信息公示、企业环境行为整体评价信息公示、经调查核实的信访、投诉案件公示、环评文件受理和验收结果信息公示、排污收费相关信息公示以及依申请公开情况等多个评价项目构成，兼顾了政府作为监管方督促企业环境信息披露乃至政府与公众间的交流互动等多重元素，能较为科学地反映各个地区环境信息公开的实际情况。该指数从2008年开始公布，取值范围在0~100，之后在2013年依据污染源信息全面公开的要求对之前所使用的PITI标准进行了修订，为保证评价标准的统一性及数据统计口径的一致性，本书拟采用的数据范围为2013~2018年。

6.2.2.3 控制变量

与本书第5章类似，选取人口密度（*pd*）、研发投入（*rd*）、外商直接投资（*fdi*）、金融发展（*fd*）、对外开放（*open*）以及基础设施（*inf*）这6个控制变量，具体衡量指标参见本书第5章，这里不再赘述。

6.2.2.4 机制变量

后文在进行影响机制检验时，选取了三个机制变量，分别是：

（1）产业结构（*ais*）：采用各市产业结构高级化指数表示，产业结构高级化参考付凌晖（2010）的研究，通过向量夹角进行计算，产业结构高级化表现为三次产业占比的相对变化，首先按照三次产业将GDP分为三部分，每部分增加值与GDP的比重作为空间向量的一个分向量，并构造一组三维向量$X_0=(X_{1,0},\ X_{2,0},\ X_{3,0})$，其次计算$X_0$与$X_1=(1,\ 0,\ 0)$，$X_2=(0,\ 1,\ 0)$，$X_3=(0,\ 0,\ 1)$的夹角，$\theta_j$计算公式如下：

$$\theta_j = \arccos\left[\frac{\sum_{i=1}^{3}(X_{ij}\cdot X_{i0})}{\left(\sum_{i=1}^{3}(X_{ij}^2)^{1/2}\cdot\sum_{i=1}^{3}(X_{i0}^2)^{1/2}\right)}\right](j=1,\ 2,\ 3) \tag{6-2}$$

定义产业结构高级化的值如下：

$$ais = \sum_{k=1}^{3}\sum_{j=1}^{k}\theta_j \tag{6-3}$$

（2）能源结构（*es*）：用各市煤炭消耗量占能源消耗总量的比值表示。需要说明的是，由于数据获取的限制，在《中国能源统计年鉴》中只能获取省级层面的煤炭消费量及能源消费总量，为此，本书借鉴戴魁早（2018）对省级出口技术复杂度的测算方法，首先利用省级指标算出各省单位产值煤炭消费量及能源消费总量，其次根据各市的总产值算出各市煤炭消费量及能源消费总量的近似值。

（3）技术创新（*pat*）：采用各市每万人绿色专利申请数表示。

各主要变量描述性统计如表6-1所示。

表6-1　变量描述性统计

	变量符号	变量名称	观测值	均值	标准差	最小值	最大值
被解释变量	*tfcp*	全要素碳生产率	720	0.6412	0.1801	0.3418	1.5753
解释变量	*piti*	环境信息公开指数	720	47.3478	15.9126	8.3000	82.4000
控制变量	*pd*	人口密度	720	0.0550	0.0403	0.0018	0.2648
	rd	研发投入	720	0.4429	0.4902	0.0112	5.1604
	fdi	外商直接投资	720	2.7111	2.4728	0.0003	15.0354
	fd	金融发展	720	1.5692	1.1078	0.1257	7.8028
	open	对外开放	720	0.5569	0.8657	0.0002	6.3608
	inf	基础设施	720	16.1470	12.5962	0.7200	108.3700
机制变量	*ais*	产业结构	720	6.7225	0.3205	5.9134	7.6138
	es	能源结构	720	0.4450	0.2298	0.0380	0.9996
	pat	技术创新	720	1699.7760	3300.8980	1	34097

6.2.3　数据说明

考虑《城市污染源监管信息公开指数（PITI）报告》仅公布了我国120个重点城市的PITI指数，并且从2013年开始对统计口径进行了调整，故本书以2013~2018年我国120个环境信息公开重点城市为研究对象。城市全要素碳生产率各投入产出变量及控制变量来源于《中国城市统计年鉴》、PITI指数来源于公众环境研究中心和自然资源保护协会发布的历年《城市污染源监管信息公开指数（PITI）报告》、能源消费量及煤炭消费量相关数据来源于《中国能源统计年鉴》，关于地区绿色发明专利数据，首先从世界知识产权组织官方网站获取绿色专利清单，其次从中国专利全文数据库通过设置专利分类码及发明单位（个人）地址获取绿色发明专利数量。部分缺失值根据年平均增长率予以补齐。

6.3 实证分析与结果

6.3.1 基准回归

本书通过双固定效应模型考察环境信息公开对城市全要素碳生产率的影响。表6-2列出了具体回归结果，表中第（1）~第（7）列为逐步加入控制变量的回归结果，不难发现，在控制了相应变量的情况下，环境信息公开能提高城市全要素碳生产率，并且在1%水平下显著，验证了假设H1。即环境信息公开程度越高，政府与公众对企业各方面污染信息了解越全面，政府能更有针对性地对高碳排放企业进行管制，公众也能更有效地对当地企业进行监督。工业企业的碳排放受到限制，进而有助于全要素碳生产率的提升。

表6-2 基准回归

变量	*tfcp*	*tfcp*	*tfcp*	*tfcp*	*tfcp*	*tfcp*	*tfcp*
	(1)	(2)	(3)	(4)	(5)	(6)	(7)
piti	0.0037***	0.0035***	0.0034***	0.0033***	0.0030***	0.0029***	0.0028***
	(0.0003)	(0.0002)	(0.0002)	(0.0002)	(0.0003)	(0.0003)	(0.0003)
pd		4.3418***	3.2033***	2.9441***	3.7768***	3.7182***	4.1277***
		(0.9663)	(0.9452)	(0.9434)	(1.0393)	(1.0600)	(0.9860)

续表

变量	tfcp	tfcp	tfcp	tfcp	tfcp	tfcp	tfcp
	(1)	(2)	(3)	(4)	(5)	(6)	(7)
rd			0.0442 (0.0291)	0.0497 (0.0307)	0.0286 (0.0287)	0.021 (0.0271)	0.0162 (0.0258)
fdi				-0.0046** (0.0023)	-0.0037* (0.0021)	-0.0034 (0.0021)	-0.0037 (0.0022)
fd					0.0703*** (0.0191)	0.0671*** (0.0190)	0.0617*** (0.0185)
open						0.0244*** (0.0069)	0.0221*** (0.0062)
inf							-0.0031*** (0.0009)
_cons	0.4664*** (0.0126)	0.238*** (0.0552)	0.284*** (0.0534)	0.313*** (0.0548)	0.1868*** (0.0692)	0.1842** (0.0707)	0.1276* (0.0655)
城市固定	是	是	是	是	是	是	是
时间固定	是	是	是	是	是	是	是
样本量	720	720	720	720	720	720	720
R^2	0.3194	0.3529	0.3616	0.3662	0.4026	0.4115	0.43

注：***、**、*分别表示在1%、5%、10%水平下显著，括号内为聚类到城市层面的稳健标准误。

从控制变量结果来看：①人口密度对城市全要素碳生产率的影响显著为正，主要原因在于城市人口密度越大越有助于发挥人口的集聚效应，促进公共基础设施的共享，并形成有助于生产率提升的劳动力池，进而降低碳排放并提升城市全要素碳生产率（王少剑和黄永源，2019）。②金融发展对城市全要素碳生产率的影响在统计意义上为正，说明金融发展提高了当地企业融资效率，有助于加快企业产业转型升级，带动当地经济发展，同时减少碳排放，进而提高当地全要素碳生产率（何宜庆等，2017）。③对外贸易对城市全要素碳生产率的影响系数为正，说明加强对外开放有利于城市低碳转型。

一方面，对外贸易加快了各城市经济发展，期望产出得到提高；另一方面，发展外向型经济有助于学习境外先进的清洁生产技术，提高能源利用效率，降低非期望产出，由此提升城市全要素碳生产率。④城市基础设施对全要素碳生产率的影响显著为负。一定程度上表明，我国城市基础设施建设仍有待完善，与基础设施相关的资源配置效率仍有待提高。

6.3.2 稳健性检验

6.3.2.1 替换指标

参考 Chen 等（2020）关于碳排放的测算，替换碳排放指标后的回归结果见表 6-3 第（1）列，可以看到，解释变量系数仍显著为正。

6.3.2.2 剔除差异性较大的样本

考虑直辖市与省会城市在工业结构以及城市功能定位上都与其他城市存在较大差距，故将这类城市样本剔除，对余下城市重新进行回归分析，回归结果如表 6-3 的第（2）列所示。可以看到，解释变量系数仍显著为正，证实了基准结果的稳健性。

6.3.2.3 考虑滞后效应

考虑环境信息公开的影响可能存在一定时滞，本书对解释变量进行滞后一期处理；同时，为了避免联立方程偏误，遵循沈坤荣和金刚（2018）的做法，对所有控制变量也滞后一期，重新进行回归。从表 6-3 中第（3）列的回归结果可以看出，在考虑滞后效应的前提下，环境信息公开依然显著提高了城市全要素碳生产率。

6.3.2.4 增加控制变量

考虑遗漏变量。由于潜在的遗漏变量可能影响本书的估计结果，因此，在前文基准回归方程中继续引入科研支出以及信息化水平这两个控制变量，其中科研支出采用各市地方财政一般预算内支出中的科学支出占比表示，信息化水平采用各市固定电话、移动电话以及互联网年末用户数之和表示。增加控制变量之后的回归结果如表 6-3 第（4）列所示。

表 6-3 稳健性检验

变量	替换指标	剔除省会城市及直辖市	考虑滞后效应	增加控制变量
	(1)	(2)	(3)	(4)
piti	0.0009**	0.0027***	0.0026***	0.0022***
	(0.0004)	(0.0003)	(0.0003)	(0.0002)
_cons	0.1407	0.1431***	0.2659***	0.3305***
	(0.0811)	(0.0532)	(0.0744)	(0.0324)
控制变量	是	是	是	是
城市固定	是	是	是	是
时间固定	是	是	是	是
样本量	720	720	600	720
R^2	0.0740	0.4435	0.3561	0.4517

注：***、**、*分别表示在 1%、5%、10%水平下显著，括号内为聚类到城市层面的稳健标准误。

6.3.3 内生性检验

首先，由于本书采用的 PITI 指数来源于社会调查，而调查数据又会受到个体众多主观心理因素的影响，可能带来变量数据测度不准的问题；其次，由于信息元素在经济活动中的内生性影响本就十分普遍，全要素碳生产率与环境信息公开之间的反向因果问题仍然可能存在。在此，借鉴胡宗义和李毅（2020）的研究，一方面，互联网普及程度与公众获取企业排污信息密切相关，满足工具变量的相关性特征；另一方面，互联网普及率又不会因全要素碳生产率变化而发生明显改变，满足工具变量的排他性特征。故选取各地级市互联网普及率作为环境信息公开的工具变量，然后再采用 2SLS 重新进行验证。

表 6-4 工具变量回归中，LM 统计量为 27.577，对应 P 值为 0；F 统计量为 3.866，远大于 Stock-Yogo 检验 10%水平下的临界值，表明不存在识别不足和弱工具变量问题，即工具变量选取是合理的。综上所述，环境信息公开对城市全要素碳生产率存在显著促进作用，该结果具备较强的稳健性，再次验证了假设 H1。

表 6-4 工具变量回归

变量	第一阶段回归	第二阶段回归
	(1)	(2)
iv	0.2336*** (0.0420)	
piti		0.0096*** (0.0023)
控制变量	是	是
城市固定	是	是
时间固定	是	是
样本量	720	720
R^2	0.5019	0.4970

注：***、**、*分别表示在 1%、5%、10%水平下显著，括号内为聚类到城市层面的稳健标准误。

6.3.4 异质性分析

尽管前文回归结果已经检测了环境信息公开能显著提高城市全要素碳生产率，但是该作用是否会因城市特征的不同而存在差异呢？对该问题的探讨有助于相关部门在制定环境规制政策时，避免“一刀切”，能“因城施策”，

对城市低碳转型进行精准治理。为此，本书将从城市区位、城市资源禀赋以及城市工业特征三个方面进行异质性分析，如表 6-5 所示。

表 6-5 异质性分析

变量	沿海	内陆	资源型	非资源型	老工业基地	非老工业基地
	(1)	(2)	(3)	(4)	(5)	(6)
piti	0.0033***	0.0025***	0.0021***	0.0028***	0.0023***	0.0030***
	(0.0007)	(0.0003)	(0.0005)	(0.0004)	(0.0005)	(0.0004)
_*cons*	-0.0363	0.1166	-0.1774	0.0834	0.0752	0.0632
	(0.1043)	(0.0851)	(0.1825)	(0.0745)	(0.1262)	(0.0830)
控制变量	是	是	是	是	是	是
城市固定	是	是	是	是	是	是
时间固定	是	是	是	是	是	是
样本量	186	534	252	468	306	414
R^2	0.5318	0.3986	0.4118	0.4606	0.4146	0.4704

注：***、**、*分别表示在 1%、5%、10%水平下显著，括号内为聚类到城市层面的稳健标准误。

6.3.4.1 城市区位异质性

按照《中国海洋统计年鉴》对沿海及内陆城市的划分标准，将样本内城市划分成 31 个沿海城市及 89 个内陆城市。从表 6-5 中第（1）列、第（2）列的回归结果可以看到，环境信息公开对沿海城市全要素碳生产率影响系数为 0.0033，对内陆城市全要素碳生产率的影响系数为 0.0025，即环境信息公开对沿海城市全要素碳生产率的促进作用更明显。主要原因有以下两个方面：一方面，沿海城市经济发展水平总体高于内陆城市，内陆城市政府官员迫于晋升压力，为达到经济增长目标而忽视生态环境质量，进而导致内陆地区环境管制宽松的局面，环境信息公开的效果无法充分发挥。另一方面，近年来，沿海发达地区产业正不断向内陆转移，内陆城市在获得产业发展的同时，也吸纳了来自这些转移产业的高碳排放（贺灿飞和胡绪千，2019），这在一定程度上削减了环境信息公开的碳减排效应，进而也影响了城市全要素碳生产率的提高。

6.3.4.2 城市资源禀赋异质性

参考2013年12月3日国务院印发的《全国资源型城市可持续发展规划（2013—2020年）》，根据各城市的资源禀赋，将本书选取的120个试点城市划分为42个资源型和78个非资源型城市。从表6-5中第（3）列、第（4）列的回归结果可以看到，环境信息公开对非资源型城市全要素碳生产率的影响高于资源型城市。可能的原因在于：相较于非资源型城市，资源型城市产业结构更加单一，资源依赖性强，且以高碳排放企业为主，通过环境信息公开对企业进行减排的效果相对有限。

6.3.4.3 城市工业特征异质性

本书按照《全国老工业基地调整改造规划（2013—2022年）》，将选取的120个城市划分为51个老工业基地城市和69个非老工业基地城市。表6-5中的第（5）列、第（6）列报告了环境信息公开对不同工业特征城市的异质性影响。可以看到，环境信息公开对非老工业基地城市的影响系数更大。上述结果表明，环境信息公开更有利于非老工业基地城市的低碳转型。可能的原因在于：与非老工业基地城市相比，老工业基地城市高污染、高排放等重工业特征更明显，工业企业总体绿色创新技术较为落后。环境信息公开的实施能促进少数具有减排优势的工业企业提升绿色生产技术，进而实现低碳转型；对于老工业基地的大多数工业企业而言，在绿色生产技术受到限制的前提下，企业更倾向于遵循以往粗放的生产形式，总体低碳转型效果并不大。

6.3.5 机制分析

按照前文的理论分析，环境信息公开主要通过产业结构效应、能源结构

效应以及技术创新效应三条路径来影响城市全要素碳生产率。据此，本书接下来将从上述三个路径展开分析。

与前文类似，本书采用如下模型进行机制分析：

$$m_{it} = \beta_0 + \beta_1 piti_{it} + \gamma_j \sum x_{jit} + \mu_i + \nu_t + \varepsilon_{it} \tag{6-4}$$

其中，i、t 分别表示城市和年份；m_{it} 表示机制变量；其余与公式（6-1）保持一致。

产业结构效应对应的机制变量用产业结构高级化指数来表示；能源结构对应的中介变量用各市煤炭消耗量占能源消耗总量的比值表示；创新效应所对应的中介变量为每万人绿色发明专利数表示。环境信息公开影响城市生态效率的产业结构效应、能源结构效应、技术创新效应以及节能环保效应的检验结果如表 6-6 所示。

具体来看，表 6-6 中的第（1）列显示环境信息公开对产业结构的影响显著为正，表明环境信息公开显著促进了城市产业结构高级化程度，产业结构高级化意味着产业层次逐渐由第一产业向第二产业、第三产业过渡，也是传统的高碳排放产业逐渐低碳化转型的过程。表 6-6 中的第（2）列显示环境信息公开对能源结构的影响显著为负，表明环境信息公开显著降低了城市煤炭消耗占比，而碳排放主要来源于以煤炭为主的化石能源的消耗，我国要实现碳减排目标，最重要的一点就是实现煤炭替代，减少煤炭消费，改善能源结构（林伯强和李江龙，2015）。表 6-6 中的第（3）列显示环境信息公开对绿色技术创新的影响显著为正，表明环境信息公开显著提升了城市绿色创新水平，而绿色技术创新是实现碳减排的重要途径（陈向阳，2020）。由此可知，环境信息公开通过提升产业结构高级化、改善能源结构、促进绿色创新三条途径驱动全要素碳生产率提升。假设 H2 得以验证。

表 6-6　机制分析

变量	产业结构	能源结构	绿色技术创新
	(1)	(2)	(3)
piti	0.0044***	−0.0007***	0.0157***
	(0.0003)	(0.0002)	(0.0032)
_cons	6.4256***	0.6305***	−10.1049***
	(0.0692)	(0.1291)	(1.3395)
控制变量	是	是	是
城市固定	是	是	是
时间固定	是	是	是
样本量	720	720	600
R^2	0.5130	0.0353	0.6078

注：***、**、*分别表示在1%、5%、10%水平下显著，括号内为聚类到城市层面的稳健标准误。

本章小结

为改善生态环境质量，推动绿色低碳发展，需要构建政府、企业及公众共同参与的现代化治理体系，而全员共同参与的前提是拥有环境知情权，于是环境信息公开就成了现代化环境治理的重要手段。研究环境信息公开对城市全要素碳生产率的影响及其作用机制，既是对生态文明建设的重要探索，也是推动城市低碳转型的关键。本书首先通过理论梳理了环境信息公开对城市全要素碳生产率的影响，并进一步从产业结构效应、能源结构效应以及技术创新效应三个方面阐述了其作用机制。其次以我国120个重点城市2013~2018年面板数据为研究样本，通过实证分析验证了上述理论假设。最终得到

以下主要结论：

（1）环境信息公开对城市全要素碳生产率的影响显著为正，具体的影响系数为0.0028。并且在通过替换指标、剔除差异性较大的样本、考虑滞后效应、增加控制变量的稳健性检验之后，该影响依旧显著。采用互联网普及率作为工具变量的回归结果进一步揭示了基准回归的稳健性。

（2）通过异质性研究发现，环境信息公开对城市全要素碳生产率的影响在城市区位、城市资源禀赋以及城市工业特征上均存在差异，具体而言，相较于内陆城市、资源型城市以及老工业基地城市，环境信息公开更有利于沿海城市、非资源型城市以及非老工业基地城市全要素碳生产率的提升。

（3）通过作用机制分析发现，环境信息公开主要通过加快产业结构转型、转变能源消费结构以及提高绿色技术创新水平这三条途径促进城市全要素碳生产率。

7 异质性环境规制对全要素碳生产率的贡献度

在上述章节中，本书从理论与实证两个层面分别考察了正式环境规制与非正式环境规制对全要素碳生产率的影响。然而，环境规制的低碳治理效应并非独立的，而是共同作用的结果。因此，本章将前文涉及的两种正式环境规制和一种非正式环境规制纳入同一框架，考察异质性环境规制对全要素碳生产率的影响差异。

7.1 研究设计与变量选取

7.1.1 模型选取

本章基于前文的理论分析，在既有文献的基础上，综合考虑了正式环境规制和非正式环境规制对全要素碳生产率的影响。采用双固定效应模型，厘清正式环境规制和非正式环境规制对全要素碳生产率的贡献。

首先，本章构建双固定效应模型如式（7-1）所示。

$$tfcp_{it} = \alpha_0 + \alpha_1 ctp_{it} + \alpha_2 ets_{it} + \alpha_3 piti_{it} + \beta_j \sum control_{jit} + \mu_i + \nu_t + \varepsilon_{it} \tag{7-1}$$

其中，$tfcp_{it}$ 表示被解释变量，ctp_{it} 表示碳排放权交易制度，ets_{it} 表示用能权交易制度，$piti_{it}$ 表示环境信息公开指数；$control_{jit}$ 表示一系列控制变量，包括人口密度、研发投入、外商直接投资、金融发展、对外开放、基础设施等；μ_i 表示地区固定效应，ν_t 表示时间固定效应。ε_{it} 表示随机误差项。

7.1.2　变量选取及其说明

本部分选取 2013~2018 年中国 120 个城市作为研究样本，采用基于非期望产出的全局可参比的超效率 SBM 模型测算的全要素碳生产率作为本书的被解释变量，核心解释变量主要有正式环境规制与非正式环境规制，其中正式环境规制包括碳排放权交易政策变量和用能权交易政策变量，非正式环境规制采用环境信息公开程度采用 IPE 和 NRDC 共同发布的 PITI 指数来表示。各变量描述性统计如表 7-1 所示。

表 7-1　变量描述性统计

	变量符号	变量名称	观测值	均值	标准差	最小值	最大值
被解释变量	*tfcp*	全要素碳生产率	720	0.6412	0.1801	0.3418	1.5753
解释变量	*ctp*	碳排放权交易	720	0.1111	0.3145	0	1
	etp	用能权交易	720	0.0694	0.2544	0	1
	piti	环境信息公开指数	720	47.3478	15.9126	8.3	82.4
控制变量	*pd*	人口密度	720	0.055	0.0403	0.0018	0.2648
	rd	研发投入	720	0.4429	0.4902	0.0112	5.1604
	fdi	外商直接投资	720	2.7111	2.4728	0.0003	15.0354

续表

	变量符号	变量名称	观测值	均值	标准差	最小值	最大值
控制变量	*fd*	金融发展	720	1.5692	1.1078	0.1257	7.8028
	open	对外开放	720	0.5569	0.8657	0.0002	6.3608
	inf	基础设施	720	16.147	12.5962	0.72	108.37
机制变量	*ais*	产业结构	720	6.7225	0.3205	5.9134	7.6138
	es	能源结构	720	0.445	0.2298	0.038	0.9996
	pat	技术创新	720	1699.776	3300.898	1	34097

7.2 异质性环境规制对全要素碳生产率的贡献度分析

为考察正式环境规制与非正式环境规制对全要素碳生产率的贡献度，本书构建了双固定效应模型，并将碳排放权交易（*ctp*）和用能权交易（*etp*）这两种正式环境规制以及环境信息公开（*piti*）这一非正式环境规制作为核心解释变量同时纳入模型中，三种环境规制对全要素碳生产率的影响结果如表 7-2 所示。

表 7-2　异质性环境规制对全要素碳生产率的贡献度分析：基准回归

变量	全要素碳生产率		替换被解释变量	
	(1)	(2)	(3)	(4)
ctp	0.0554***	0.0327*	0.0762***	0.0181**
	(0.0209)	(0.0192)	(0.0283)	(0.0076)
etp	0.0638***	0.0570***	0.0193	0.0535*
	(0.0096)	(0.0107)	(0.0178)	(0.0285)

续表

变量	全要素碳生产率		替换被解释变量	
	(1)	(2)	(3)	(4)
piti	0.0031***	0.0024***	0.0009**	0.0006*
	(0.0002)	(0.0003)	(0.0004)	(0.0003)
pd		3.8746***		2.5607*
		(0.9388)		(1.3630)
rd		0.0126		0.0593**
		(0.0232)		(0.0249)
fdi		-0.0039*		-0.0053
		(0.0022)		(0.0033)
fd		0.0625***		-0.002
		(0.0181)		(0.0184)
open		0.0232***		0.0224*
		(0.0063)		(0.0128)
inf		0.0026***		-0.0006
		(0.0010)		(0.0011)
_*cons*	0.4821***	0.1617**	0.3016***	0.1672**
	(0.0121)	(0.0641)	(0.0164)	(0.0820)
城市固定	是	是	是	是
时间固定	是	是	是	是
样本量	720	720	720	720
R^2	0.3584	0.4569	0.0391	0.0805

注：***、**、*分别表示在1%、5%、10%水平下显著，括号内为聚类到城市层面的稳健标准误。

表7-2的第（1）列、第（2）列展示了基准回归结果，表7-2的第（3）列、第（4）列为替换碳排放指标后的回归结果。正式环境规制中，碳排放权交易和用能权交易均为政策虚拟变量，非正式环境规制中的环境信息公开用PITI指数衡量。从表7-2的回归结果不难看出，无论正式环境规制抑或非正式环境规制，对全要素碳生产率的影响始终显著为正，这一点与本书

第4~第6章的实证结果相吻合。从三种环境规制的对比来看，正式环境规制对提升全要素碳生产率的贡献度显著高于非正式环境规制，以表7-2的第（2）列为例，正式环境规制中的碳排放权交易和用能权交易对全要素碳生产率的贡献分别为0.0327和0.0570，而非正式环境规制中的环境信息公开对全要素碳生产率的贡献为0.0024。以上结果表明，正式和非正式环境规制均有利于城市低碳转型，现阶段正式环境规制是促进城市全要素碳生产率提升的主导力量。可能的原因在于：正式环境规制在我国环境治理过程中试点更加广泛，且运用更加成熟，兼具法律手段的强制性及市场机制的灵活性，能通过合理地设置环境标准鼓励企业进行碳减排及绿色技术升级（李菁等，2021）。非正式环境规制作为正式环境规制的补充，也可以通过"创新补偿效应"对碳排放起到一定抑制作用，然而我国市场化程度整体偏低，公众参与环境治理的作用还未受到足够重视，导致非正式环境规制的低碳治理效果仍与传统正式环境规制存在差距。

7.3 异质性分析

7.3.1 区域异质性Ⅰ：东中西差异

我国幅员辽阔，不同地区经济发展水平存在较大差异。与中部和西部地区相比，东部地区发展迅速，各类产业更完善，经济结构更为健全，但因能源消耗所产生的碳排放也存在较大差异。那么，不同环境规制对全要素碳生产率的影响是否也存在区域差异？为此，本书将全部样本划分为东部、中部、

西部三个分样本进行考察。表 7-3 的第（1）~第（3）列分别报告了正式环境规制及非正式环境规制对东部、中部及西部地区全要素碳生产率的影响，第（4）~第（6）为替换碳排放指标后的回归结果。

表 7-3 区域异质性 I：东部、中部、西部地区差异

变量	全要素碳生产率			替换被解释变量		
	东部	中部	西部	东部	中部	西部
	(1)	(2)	(3)	(4)	(5)	(6)
ctp	0.0356*	-0.0218	0.0336	0.0599**	-0.0164	0.0275
	(0.0204)	(0.0243)	(0.0202)	(0.0253)	(0.0211)	(0.0167)
etp	0.0632***	0.0377	0.0624	0.0092***	0.0085	0.0506
	(0.0161)	(0.0279)	(0.0610)	(0.0023)	(0.0424)	(0.0553)
piti	0.0028***	0.0021***	0.0016***	0.0015**	-0.0014	0.0001
	(0.0003)	(0.0007)	(0.0004)	(0.0006)	(0.0015)	(0.0006)
_cons	-0.0155	0.2808**	0.1396	0.1487	-0.0959	0.4719***
	(0.0800)	(0.1017)	(0.1468)	(0.1506)	(0.3587)	(0.0866)
控制变量	是	是	是	是	是	是
城市固定	是	是	是	是	是	是
时间固定	是	是	是	是	是	是
样本量	318	192	210	318	192	0.1748
R^2	0.5626	0.3403	0.5005	0.155	0.0751	210

注：***、**、*分别表示在 1%、5%、10%水平下显著，括号内为聚类到城市层面的稳健标准误。

分区域来看，环境规制对东部地区全要素碳生产率的促进效果更明显。分环境规制类型来看，正式环境规制对东部地区全要素碳生产率提升效果更明显，对中部和西部地区全要素碳生产率无显著促进作用。从影响系数大小来看，环境信息公开对东部地区全要素碳生产率的影响系数为 0.0028，而对中部和西部全要素碳生产率的影响系数分别为 0.0021 和 0.0016，且均在 1%

水平下显著，说明非正式环境规制对东部地区全要素碳生产率的促进作用同样优于中部和西部地区。对此，可能的解释是：一方面，东部地区产业更加先进，环境政策体系更加完善，当政府执行更加严格的环境规制（如碳排放权交易、用能权交易或环境信息公开）时，更易通过环境规制的“遵循成本”效应控制高能耗、高碳排放企业等低端产业的规模，进而有利于整体全要素碳生产率提升；另一方面，相较于东部地区，中西部地区整体经济实力落后，地方政府存在短期内完成经济赶超的压力，继而忽视对环境质量的维护，因此无论是正式环境规制还是非正式环境规制，产生的低碳治理效果在中西部地区要弱于东部地区（毛建辉，2019）。

7.3.2 区域异质性Ⅱ：南北差异

为进一步考察环境规制对城市全要素碳生产率的南北影响差异，本书按照地理划分标准，将本章选取的 120 个城市划分为 60 个北方城市和 60 个南方城市。表 7-4 的第（1）列、第（2）列分别报告了正式环境规制及非正式环境规制对北方及南方地区全要素碳生产率的影响，第（3）列、第（4）列为替换碳排放指标后的回归结果。

表 7-4 区域异质性Ⅱ：南北方地区差异

变量	全要素碳生产率		替换被解释变量	
	北方	南方	北方	南方
	(1)	(2)	(3)	(4)
ctp	0.0132	0.0401*	0.002	0.0509*
	(0.0151)	(0.0219)	(0.0583)	(0.0283)
etp	0.0388*	0.0613***	0.0078*	0.0525***
	(0.0215)	(0.0126)	(0.0038)	(0.0049)
piti	0.0025***	0.0021***	0.0018***	0.0016**
	(0.0004)	(0.0005)	(0.0004)	(0.0007)

续表

变量	全要素碳生产率		替换被解释变量	
	北方	南方	北方	南方
	(1)	(2)	(3)	(4)
_cons	0.1503 (0.1244)	0.0546 (0.0784)	0.3185** (0.1243)	0.0524 (0.1418)
控制变量	是	是	是	是
城市固定	是	是	是	是
时间固定	是	是	是	是
样本量	360	360	360	360
R^2	0.3984	0.5277	0.062	0.1135

注：***、**、*分别表示在1%、5%、10%水平下显著，括号内为聚类到城市层面的稳健标准误。

从表7-4的回归结果不难看出，从环境治理效果的南北差异来看，环境规制整体上更有利于南方地区低碳发展，三种环境规制均显著促进南方地区全要素碳生产率提升，而在北方地区，只有用能权交易和环境信息公开的影响系数显著。可能的原因在于：一方面，北方城市主要以火力发电为主，尤其是冬季供暖时化石燃料的燃烧会产生大量二氧化碳，平均而言，北方城市碳排放强度高于南方城市（黄和平等，2022）。同时相较于南方地区，北方地区高耗能产业占比较大，在现有环境规制政策的激励下，难以实现低碳转型。另一方面，北方地区作为中国最大的综合性工业基地，还拥有丰富的煤炭及石油等传统化石能源，由于“资源诅咒”现象的存在，北方地区整体经济发展缓慢，在经济增速放缓及环境保护的双重压力下，环境规制对北方地区低碳转型的促进作用相对有限。

7.3.3 资源禀赋异质性

为考察不同资源禀赋下环境规制对资源型城市和非资源型城市全要素碳

生产率的影响差异，本书参考2013年12月3日国务院印发的《全国资源型城市可持续发展规划（2013—2020年）》，根据各城市的资源禀赋，将本章选取的120个城市划分为42个资源型城市和78个非资源型城市。表7-5的第（1）列、第（2）列分别报告了正式环境规制及非正式环境规制对资源型及非资源型城市全要素碳生产率的影响，第（3）列、第（4）列为替换碳排放指标后的回归结果。

从表7-5的第（1）列、第（2）列的结果可以看出，正式环境规制中，碳排放权交易仅对非资源型城市全要素碳生产率的促进作用显著，对资源型城市全要素碳生产率的回归结果并不显著。用能权交易制度对资源型及非资源型城市全要素碳生产率的影响均显著，但从系数大小来看，用能权交易对资源型城市的低碳治理效果更好，这一点与本书第5章的实证结果相吻合，即用能权交易制度更有利于资源型城市创新要素流动，通过低碳生产技术的外溢加快资源型城市实现产业结构转型升级，进而促进资源型城市全要素碳生产率提升。此外，以环境信息公开为代表的非正式环境规制对不同资源禀赋城市全要素碳生产率均具有显著促进作用，但对非资源型城市的低碳促进效果略大于资源型城市，这一点与本书第6章的实证结果相吻合。可能的解释是，相较于非资源型城市，资源型城市产业结构更加单一，资源依赖性强，且以高污染产业为主，通过环境信息公开倒逼资源型城市高碳排放企业低碳转型的效果相对有限。

表7-5　城市资源禀赋异质性

变量	全要素碳生产率		替换被解释变量	
	资源型	非资源型	资源型	非资源型
	(1)	(2)	(3)	(4)
ctp	0.0020 (0.0199)	0.0412* (0.0216)	0.016 (0.0248)	0.0535*** (0.0177)

续表

变量	全要素碳生产率		替换被解释变量	
	资源型	非资源型	资源型	非资源型
	(1)	(2)	(3)	(4)
etp	0.0688***	0.0358*	0.0202***	0.0150**
	(0.0126)	(0.0188)	(0.0064)	(0.0061)
piti	0.0019***	0.0023***	0.0006*	0.0011*
	(0.0005)	(0.0004)	(0.0003)	(0.0005)
_cons	-0.1444	0.1341*	0.2696	0.1107
	(0.1932)	(0.0740)	(0.3301)	(0.1596)
控制变量	是	是	是	是
城市固定	是	是	是	是
时间固定	是	是	是	是
样本量	252	468	252	468
R^2	0.4224	0.4984	0.0719	0.1075

注：***、**、*分别表示在1%、5%、10%水平下显著，括号内为聚类到城市层面的稳健标准误。

7.3.4 市场化程度异质性

为考察不同市场化程度下环境规制对城市全要素碳生产率的影响差异，本书参考王小鲁等（2019）的研究，根据市场化指数，将本章选取的120个城市划分为60个市场化程度较高城市和60个市场化程度较低城市。表7-6的第（1）列、第（2）列分别报告了正式环境规制及非正式环境规制对资源型及非资源型城市全要素碳生产率的影响，第（3）列、第（4）列为替换碳排放指标后的回归结果。

通过表7-6的回归结果可以看出，在正式环境规制中，碳排放权交易政策对市场化程度较高的地区全要素碳生产率影响显著，对市场化程度较低的地区全要素碳生产率影响不显著，说明碳排放权交易更有利于市场化程度高的地区实现低碳发展。用能权交易制度对不同市场化程度城市的全要素碳生产率影响系数均显著为正，但在市场化程度低的地区拥有更高的低碳促进作用。环境信息公开在市场化程度高的地区拥有显著的低碳发展效应，而对市场化程度低的地区无明显影响。

表 7-6　市场化程度异质性

变量	全要素碳生产率		替换被解释变量	
	市场化程度高	市场化程度低	市场化程度高	市场化程度低
	(1)	(2)	(3)	(4)
ctp	0.0338***	0.0177	0.0530***	0.0355
	(0.0069)	(0.0186)	(0.0179)	(0.0439)
etp	0.0433***	0.0715***	0.0192	0.0202***
	(0.0156)	(0.0143)	(0.0236)	(0.0068)
piti	0.0027***	0.0020	0.0011**	0.0002
	(0.0005)	(0.0020)	(0.0005)	(0.0006)
_*cons*	-0.1092	0.2773***	-0.1297	0.3071***
	(0.1650)	(0.0541)	(0.1597)	(0.0957)
控制变量	是	是	是	是
城市固定	是	是	是	是
时间固定	是	是	是	是
样本量	360	360	360	360
R^2	0.4759	0.4641	0.0948	0.1008

注：***、**、*分别表示在1%、5%、10%水平下显著，括号内为聚类到城市层面的稳健标准误。

本章小结

本章在前文基础上，构建双固定效应模型，并将两种正式环境规制及一种非正式环境规制纳入同一框架，分析了异质性环境规制对全要素碳生产率

的影响差异。研究结论如下：

第一，正式环境规制中的碳排放权交易对全要素碳生产率影响显著为正，说明碳排放权交易有利于驱动城市低碳发展。相较于中西部地区、北方地区、资源型城市以及市场化程度较低的地区，碳排放权交易对东部地区、南方地区、非资源型城市以及市场化程度较高的区域全要素碳生产率有更显著的促进作用。

第二，正式环境规制中的用能权交易对全要素碳生产率影响显著为正，说明用能权交易制度能够有效促进全要素碳生产率提升。相较于中西部地区、北方地区、非资源型城市以及市场化程度较高的地区，用能权交易制度对东部地区、南方地区、资源型城市以及市场化程度较低的区域全要素碳生产率有更明显的促进作用。

第三，非正式环境规制中的环境信息公开对全要素碳生产率影响显著为正，表明非正式环境规制有利于城市低碳发展，且非正式环境规制主要通过环境信息公开的手段形成“产业结构效应”“能源结构效应”“技术创新效应”，进而倒逼城市向低碳化方向发展。此外，相较于中西部地区、北方地区、资源型城市以及市场化程度较低的区域，用能权交易制度对东部地区、南方地区、非资源型城市以及市场化程度较高的区域全要素碳生产率有更明显的促进作用。

第四，通过正式环境规制与非正式环境规制的对比可以发现，正式环境规制对提升全要素碳生产率的贡献度显著高于非正式环境规制。

8　结论、政策建议与展望

8.1　研究结论

资源环境问题和经济绿色低碳发展是新时代中国经济高质量发展所面临的双重难题，通过建立健全现代化环境治理体系，破除资源环境约束下中国经济高质量发展的体制障碍、转变经济发展方式，实现经济绿色低碳转型，成为实现“双碳”目标和推进经济社会全面绿色低碳转型的关键。然而，在研究环境制度的相关命题中尚缺乏从正式环境规制与非正式环境规制双重视角出发系统研究环境规制对全要素碳生产率影响的文献。有鉴于此，本书在理论研究的基础上，分别研究了两种正式环境规制（碳排放权交易制度与用能权交易制度）以及非正式环境规制（环境信息公开）对全要素碳生产率的影响及作用机制，并提出相关研究假设。本书进一步采用了基于全局可参比超效率 SBM 模型，并以中国省域和城市的投入产出面板数据为样本，测算出省级层面及市级层面的全要素碳生产率；进而，本书综合采用了双重差分法、合成控制法、工具变量法、双固定效应模型等多种方法识别了正式环境规制（碳排放权交易制度与用能权交易制度）与非正式环境规制（环境信息公开）与全要素碳生产率之间的因果关系。最后，本书得到以下研究结论：

第一，以碳排放权交易制度为代表的正式环境规制促进了全要素碳生产率的提升，本书将2013年启动的碳排放交易试点看作准自然实验，采用合成控制法构造出各试点省份的反事实参照组，科学评估了碳排放交易试点政策对全要素碳生产率的影响，并进一步探讨了其作用机制。研究发现，碳交易政策整体上促进了全要素碳生产率的提升，但由于各试点省份在人口规模、贸易开放度等预测变量上存在差异，导致各试点省份的政策效果呈现出异质性，6个试点省市中只有北京、天津、湖北和重庆的低碳治理效果显著。排序检验、安慰剂检验及合成控制—双重差分法均证实了上述结果的稳健性。进一步的机制分析表明，碳交易试点政策主要通过产业升级效应、能源优化效应、绿色创新效应以及节能环保效应四条路径提升全要素碳生产率。

第二，以用能权交易制度为代表的正式环境规制对全要素碳生产率有正向影响。本书通过双重差分的准自然实验法，检验用能权交易制度对城市全要素碳生产率的影响，并考察其作用机制。研究发现，用能权交易制度有助于全要素碳生产率提升，该结论经过一系列稳健性检验后依然成立。具体而言，相较于未试点城市，试点城市的全要素碳生产率增加了14.27%。异质性分析表明，用能权交易制度对不同区位、不同资源禀赋城市低碳发展的促进效果存在差异，对内陆城市起到“雪中送炭”的作用，同时为沿海城市带来“锦上添花”的效果；相较于非资源型城市，对资源型城市的促进效果更明显。机制分析表明，用能权交易制度主要通过能耗“双控”效应、产业结构效应及绿色创新效应等途径驱动城市低碳发展。进一步分析可知，经济增长目标削弱了用能权交易制度的产业结构效应及绿色创新效应，要素错配弱化了用能权交易制度的能耗“双控”效应，二者对用能权交易的低碳治理效果产生负向调节作用。

第三，以环境信息公开为代表的非正式环境规制对全要素碳生产率有正向影响。本书利用第三方机构公布的 PITI 指数，以 120 个重点城市为样本，实证考察了环境信息公开对城市全要素碳生产率的影响及作用机制。研究发现：①环境信息公开能显著提高城市全要素碳生产率，并且在通过一系列稳健性检验后，该结论依然成立；②环境信息公开对沿海城市、非资源型城市以及非老工业基地城市的全要素碳生产率提升作用更明显；③环境信息公开主要通过产业结构效应、能源结构效应、技术创新效应影响城市全要素碳生产率。

8.2 政策建议

8.2.1 发挥以碳排放交易为代表的正式环境规制对全要素碳生产率的作用

第一，继续推进碳排放交易市场建设，助力绿色低碳发展。不断健全碳排放权市场交易功能，通过碳交易市场价格机制，引导企业低碳转型，在降低碳排放的同时又能兼顾经济增长。同时，更好地发挥政府的辅助作用，分解并落实各试点地区的碳排放配额，建立健全相关法律法规，培育和发展碳交易市场，严格履行碳排放交易机制。

第二，重视区域差异，因地制宜制定碳交易政策。研究发现，碳排放交易政策仅在北京、天津、湖北和重庆发挥显著的低碳治理效果。据此，在未来逐渐扩大碳排放交易试点范围的同时，还应充分考虑各地区在人口规模及贸易开放度等外在因素的差距，因地制宜地构建碳排放交易体系，充分发挥市场配置资源的决定性作用，从而促进社会全面低碳发展。

第三，充分发挥碳交易实施的产业结构效应及能源结构效应，通过产业结构及能源结构的优化助力绿色低碳发展。地方政府应当为当地产业结构调整积极配套相关政策，如制定金融、税务、招商引资等方面的产业政策，降低企业在转型升级过程中的阻力，营造良好的市场氛围，鼓励市场主体对传统产业进行改造，助力高碳产业向绿色低碳化发展。同时，必须加快优化能源结构，降低传统化石能源消耗占比，深化能源领域供给侧结构性改革，引导清洁能源转型。

第四，充分发挥碳交易实施的绿色创新效应和节能环保效应，积极引导企业低碳转型。大力创建创新发展平台，加大绿色技术研发和节能环保投入力度，加强产学研深度融合，提高碳减排技术的成果转化。鼓励大型高碳企业积极探索清洁能源技术，发挥大型企业创新示范作用。

8.2.2 发挥以用能权交易为代表的正式环境规制对全要素碳生产率的积极作用

第一，继续扩大用能权交易试点范围。不断健全用能权市场交易功能，加大技术研发，为用能权交易市场提高资金支撑，推进用能权交易市场创新发展；鼓励高能耗企业参与用能权交易，由此促进产业结构升级，同时充分激发市场活力，推动生产要素高效配置。

第二，试点过程中要重视区域差异及资源禀赋差异。研究发现，内陆城市及资源型城市对政策的反应更敏感。据此，在未来逐渐扩大用能权交易范围的同时，还应充分考虑到各地区经济条件及资源禀赋等的差距，因地制宜地制定差异化的用能权交易政策，确保政策能够精准对接不同地区的实际需求，最大限度地发挥政策的低碳治理效果。对于内陆城市及资源型城市，可以进一步加大对用能权交易政策的宣传和引导力度，提高这些地区对政策的认知度和参与度，从而更有效地推动这些地区的产业结构升级和绿色低碳发展。

第三，构建绿色政绩考核体系，推动能源交易平台升级。地方政府在制定经济增长目标时可采取适当的软约束，避免过高的硬约束而导致重复建设、过度投资等问题，同时应为地方政府构建绿色政绩考核体系，摒弃传统的经济增长单一目标，逐渐将资源消耗、碳“双控”以及生态效益等指标纳入地方官员考核体系，力求地方政府在环保问题上由“逐底竞争”向“逐顶竞争”的转变，进而降低碳排放，促进城市朝着绿色高质量发展。此外，还应加快推动能源交易平台升级，打造全国统一的技术数据市场及能源市场，从而破除地方保护壁垒，减少要素错配程度，促进能源要素高效流动，全面提升整个市场能源利用效率，进而达到碳“减排”与碳“增效”的低碳发展效果。

8.2.3 发挥以环境信息公开为代表的非正式环境规制对全要素碳生产率的促进作用

第一，进一步扩大环境信息公开范围，缩小区域环境信息公开程度差距。通过本书的实证可以发现，环境信息公开是有利于城市全要素碳生产率提升的，而目前环境信息公开覆盖的城市仅有120座，因此，适当扩大试点范围，有助于整体全要素碳生产率的提升。从内陆城市与沿海城市的对比可以看出，内陆城市环境信息公开的试行效果不如沿海城市，内陆城市在加大环境信息公开力度的同时，更应当学习沿海城市的成功经验，缩小区域环境信息公开程度差距。

第二，构建多元化环境治理体系，形成“政府—企业—公众”间的良性互动。首先，政府应加强政务信息公开，以便社会公众对环境政策的获取和解读，进而提高社会公众及非政府组织参与环境治理的效率。其次，充分利用互联网等大数据平台，提供网络环境治理服务，同时，举办线下听证会，兼顾线上线下公众环境诉求，拓宽公众参与环境治理渠道，提高公众参与环境治理积极性。最后，企业应当严格按照环境信息公开办法，公开相关信息，在政府及公众的双重压力下主动进行减排。

第三，要加快产业及能源消费结构转变，并加大城市创新投入。通过作用机制分析发现，产业结构升级、转变能源消费结构以及提高技术创新是提高城市全要素碳生产率的主要渠道。因此，地方政府在制定产业政策时，需要全力推进产业结构优化升级，加快第三产业建设，积极开发新能源技术及绿色排放技术，加大企业研发投入力度，提高自主创新能力，形成产业结构调整、能源结构转变和技术创新的三重驱动环境治理手段。

8.3 研究不足与展望

本书基于“双碳”背景，探索了中国全要素碳生产率测度和时空演变特征，以及两种正式环境规制、一种非正式环境规制对全要素碳生产率的影响，对推进中国城市低碳转型，促进中国经济绿色高质量发展，助力美丽中国建设具有重要的理论与现实意义。本书的研究得到了一些有意义、有价值的结果，但由于研究数据的可获得性与阶段性限制以及研究层次具有局限性等问题，还存在一些不足之处以及有待进一步探索完善之处。

首先，本书只探讨了正式环境规制中的两种（碳排放权交易制度和用能权交易制度）以及非正式环境规制中的一种（环境信息公开）对全要素碳生产率的影响。事实上，无论是正式环境规制抑或非正式环境规制，其内涵都极为广泛，关于不同类型环境规制与全要素碳生产率间的因果关系仍有待后续更为细致的探讨。

其次，本书在探讨环境信息公开与全要素碳生产率的因果关系时，年份选取为2013~2018年，研究对象为120个环保重点城市。然而，这样可能存在两个方面的不足：一是研究年份仅截止到2018年，未能反映出2018年以后环境信息公开的低碳治理效应；二是未能反映非正式环境规制是否还有利于非环保重点城市的低碳发展。鉴于《城市污染源监管信息公开指数（PITI）报告》对各环保重点城市的PITI指数公布仅到2018年，以上所列举的两个不足还有待后续数据完善后予以弥补。

最后，本书的研究皆是基于省级层面或地市级层面，分析了不同环境规制对全要素碳生产率的影响。事实上，还有必要基于中观行业层面及微观企业层面进一步探讨各类环境规制的低碳效应。此外，本书运用的数据量较大，处理手段略微复杂，尽管对数据摘录的准确性进行多次核实，但也难免存在疏漏，有必要进一步核实以确保数据的准确性。

参考文献

［1］白俊红，刘宇英. 对外直接投资能否改善中国的资源错配［J］. 中国工业经济，2018（1）：60-78.

［2］白雪洁，孙献贞. 互联网发展影响全要素碳生产率：成本、创新还是需求引致［J］. 中国人口·资源与环境，2021，31（10）：105-117.

［3］薄文广，徐玮，王军锋. 地方政府竞争与环境规制异质性：逐底竞争还是逐顶竞争？［J］. 中国软科学，2018，335（11）：76-93.

［4］［美］保罗·萨缪尔森，威廉·诺德豪斯. 经济学［M］. 萧琛，译. 北京：人民邮电出版社，2008.

［5］曹清峰. 国家级新区对区域经济增长的带动效应——基于 70 大中城市的经验证据［J］. 中国工业经济，2020（7）：43-60.

［6］曾倩，曾先峰，刘津汝. 产业结构视角下环境规制工具对环境质量的影响［J］. 经济经纬，2018，35（6）：94-100.

［7］曾倩，曾先峰，岳婧霞. 产业结构、环境规制与环境质量——基于中国省际视角的理论与实证分析［J］. 管理评论，2020，32（5）：65-75.

［8］曾义，冯展斌，张茜. 地理位置、环境规制与企业创新转型［J］. 财经研究，2016，42（9）：87-98.

［9］陈向阳. 金融结构、技术创新与碳排放：兼论绿色金融体系发展［J］. 广东社会科学，2020，204（4）：41-50.

［10］陈超凡. 中国工业绿色全要素生产率及其影响因素——基于 ML 生产率指数及动态面板模型的实证研究［J］. 统计研究，2016，33（3）：53-62.

［11］陈浩，冯艳，魏文栋. 环境污染信息公开是否提升了城市技术创新？［J］. 环境经济研究，2020，5（3）：56-75.

［12］陈明华，王山，刘文斐. 黄河流域生态效率及其提升路径——基于100 个城市的实证研究［J］. 中国人口科学，2020（4）：46-58+127.

［13］陈万旭，李江风，曾杰，等. 中国土地利用变化生态环境效应的空间分异性与形成机理［J］. 地理研究，2019，38（9）：2173-2187.

［14］陈星星. 中国碳排放权交易市场：成效、现实与策略［J］. 东南学术，2022（4）：167-177.

［15］程琳琳，张俊飚，何可. 空间视角下城镇化对农业碳生产率的直接作用与间接溢出效应研究［J］. 中国农业资源与区划，2019，40（11）：48-56.

［16］程琳琳，张俊飚，田云，等. 中国省域农业碳生产率的空间分异特征及依赖效应［J］. 资源科学，2016，38（2）：276-289.

［17］程钰，王晶晶，王亚平，任建兰. 中国绿色发展时空演变轨迹与影响机理研究［J］. 地理研究，2019，38（11）：2745-2765.

［18］崔广慧，姜英兵. 环境规制对企业环境治理行为的影响——基于新《环保法》的准自然实验［J］. 经济管理，2019，41（10）：54-72.

［19］戴魁早. 技术市场发展对出口技术复杂度的影响及其作用机制［J］. 中国工业经济，2018（7）：117-135.

[20] 单豪杰. 中国资本存量 K 的再估算：1952～2006 年 [J]. 数量经济技术经济研究，2008，25（10）：17-31.

[21] 丁从明，吉振霖，雷雨，梁甄桥. 方言多样性与市场一体化：基于城市圈的视角 [J]. 经济研究，2018，53（11）：148-164.

[22] 董敏杰，梁泳梅，李钢. 环境规制对中国出口竞争力的影响——基于投入产出表的分析 [J]. 中国工业经济，2011，276（3）：57-67.

[23] 傅京燕，司秀梅，曹翔. 排污权交易机制对绿色发展的影响 [J]. 中国人口·资源与环境，2018，28（8）：12-21.

[24] 范丹，孙晓婷. 环境规制、绿色技术创新与绿色经济增长 [J]. 中国人口·资源与环境，2020，30（6）：105-115.

[25] 付凌晖. 我国产业结构高级化与经济增长关系的实证研究 [J]. 统计研究，2010，27（8）：79-81.

[26] 干春晖，郑若谷，余典范. 中国产业结构变迁对经济增长和波动的影响 [J]. 经济研究，2011，46（5）：4-16+31.

[27] 弓媛媛. 环境规制对中国绿色经济效率的影响——基于 30 个省份的面板数据的分析 [J]. 城市问题，2018，277（8）：68-78.

[28] 郭沛，蒋庚华，张曙霄. 外商直接投资对中国碳排放量的影响——基于省际面板数据的实证研究 [J]. 中央财经大学学报，2013（1）：47-52.

[29] 韩超，胡浩然. 清洁生产标准规制如何动态影响全要素生产率——剔除其他政策干扰的准自然实验分析 [J]. 中国工业经济，2015，326（5）：70-82.

[30] 何爱平，安梦天. 地方政府竞争、环境规制与绿色发展效率 [J]. 中国人口·资源与环境，2019，29（3）：21-30.

[31] 何宜庆，陈林心，焦剑雄，等. 金融集聚的时空差异与省域生态效

率关系研究［J］. 数理统计与管理，2017，36（1）：162-174.

［32］贺灿飞，胡绪千. 1978 年改革开放以来中国工业地理格局演变［J］. 地理学报，2019，74（10）：1962-1979.

［33］胡宗义，李毅. 环境信息披露的污染减排效应评估［J］. 统计研究，2020，37（4）：59-74.

［34］黄和平，杨新梅，周瑞辉，等. 基于人与自然和谐共生的绿色发展：DGE 理论框架与城市面板检验［J］. 统计研究，2022，39（5）：23-37.

［35］黄清煌，高明. 环境规制对经济增长的数量和质量效应——基于联立方程的检验［J］. 经济学家，2016，208（4）：53-62.

［36］黄新华，于潇. 环境规制影响经济发展的政策工具检验——基于企业技术创新和产业结构优化视角的分析［J］. 河南师范大学学报（哲学社会科学版），2018，45（3）：42-48.

［37］江艇. 因果推断经验研究中的中介效应与调节效应［J］. 中国工业经济，2022（5）：100-120.

［38］姜楠. 环保财政支出有助于实现经济和环境双赢吗？［J］. 中南财经政法大学学报，2018（1）：95-103.

［39］蒋为. 环境规制是否影响了中国制造业企业研发创新？——基于微观数据的实证研究［J］. 财经研究，2015，41（2）：76-87.

［40］匡远凤，彭代彦. 中国环境生产效率与环境全要素生产率分析［J］. 经济研究，2012，47（7）：62-74.

［41］雷明，虞晓雯. 地方财政支出、环境规制与我国低碳经济转型［J］. 经济科学，2013，197（5）：47-61.

［42］黎新伍，黎宁，谢云飞. 数字经济、制造业集聚与碳生产率［J］. 中南财经政法大学学报，2022，255（6）：131-145.

[43] 李锴，齐绍洲. 贸易开放、自选择与中国区域碳排放绩效差距——基于倾向得分匹配模型的“反事实”分析［J］. 财贸研究，2018，29（1）：50-65+110.

[44] 李玲，陶锋. 中国制造业最优环境规制强度的选择——基于绿色全要素生产率的视角［J］. 中国工业经济，2012，290（5）：70-82.

[45] 李强，王琰. 环境规制与经济增长质量的 U 型关系：理论机理与实证检验［J］. 江海学刊，2019（4）：102-108.

[46] 李珊珊，罗良文. 地方政府竞争下环境规制对区域碳生产率的非线性影响——基于门槛特征与空间溢出视角［J］. 商业研究，2019，501（1）：88-97.

[47] 李菁，李小平，郝良峰. 技术创新约束下双重环境规制对碳排放强度的影响［J］. 中国人口·资源与环境，2021，31（9）：34-44.

[48] 李小平，王树柏，郝路露. 环境规制、创新驱动与中国省际碳生产率变动［J］. 中国地质大学学报（社会科学版），2016，16（1）：44-54.

[49] 李永友，沈坤荣. 我国污染控制政策的减排效果——基于省际工业污染数据的实证分析［J］. 管理世界，2008（7）：7-17.

[50] 李治国，王杰，王叶薇. 经济集聚扩大绿色经济效率差距了吗？——来自黄河流域城市群的经验证据［J］. 产业经济研究，2022，116（1）：29-42.

[51] 林春艳，宫晓蕙，孔凡超. 环境规制与绿色技术进步：促进还是抑制——基于空间效应视角［J］. 宏观经济研究，2019，252（11）：131-142.

[52] 林伯强，李江龙. 环境治理约束下的中国能源结构转变——基于煤炭和二氧化碳峰值的分析［J］. 中国社会科学，2015（9）：84-107+205.

[53] 林善浪，张作雄，刘国平. 技术创新、空间集聚与区域碳生产率

[J]. 中国人口·资源与环境，2013，23（5）：36-45.

[54] 刘传江，胡威，吴晗晗. 环境规制、经济增长与地区碳生产率——基于中国省级数据的实证考察 [J]. 财经问题研究，2015，383（10）：31-37.

[55] 刘传江，赵晓梦. 长江经济带全要素碳生产率的时空演化及提升潜力 [J]. 长江流域资源与环境，2016，25（11）：1635-1644.

[56] 刘传明，孙喆，张瑾. 中国碳排放权交易试点的碳减排政策效应研究 [J]. 中国人口·资源与环境，2019，29（11）：49-58.

[57] 刘甲炎，范子英. 中国房产税试点的效果评估：基于合成控制法的研究 [J]. 世界经济，2013，36（11）：117-135.

[58] 刘婕，魏玮. 城镇化率、要素禀赋对全要素碳减排效率的影响 [J]. 中国人口·资源与环境，2014，24（8）：42-48.

[59] 刘友金，曾小明. 房产税对产业转移的影响：来自重庆和上海的经验证据 [J]. 中国工业经济，2018（11）：98-116.

[60] 龙小宁，万威. 环境规制、企业利润率与合规成本规模异质性 [J]. 中国工业经济，2017，351（6）：155-174.

[61] 陆旸. 环境规制影响了污染密集型商品的贸易比较优势吗？[J]. 经济研究，2009，44（4）：28-40.

[62] 罗能生，田梦迪，杨钧，等. 高铁网络对城市生态效率的影响——基于中国277个地级市的空间计量研究 [J]. 中国人口·资源与环境，2019，29（11）：1-10.

[63] 毛建辉. 政府行为、环境规制与区域技术创新——基于区域异质性和路径机制的分析 [J]. 山西财经大学学报，2019，41（5）：16-27.

[64] 苗苗，苏远东，朱曦，等. 环境规制对企业技术创新的影响——基

于融资约束的中介效应检验［J］. 软科学，2019，33（12）：100-107.

［65］牛秀敏. 全要素视角下的中国碳排放效率区域差异性及收敛性研究［D］. 成都：西南财经大学，2016.

［66］牛丽娟. 环境规制对西部地区能源效率影响研究［D］. 兰州：兰州大学，2016.

［67］潘家华，庄贵阳，郑艳，等. 低碳经济的概念辨识及核心要素分析［J］. 国际经济评论，2010，88（4）：88-101+5.

［68］彭冬冬，杨德彬，苏理梅. 环境规制对出口产品质量升级的差异化影响——来自中国企业微观数据的证据［J］. 现代财经（天津财经大学学报），2016，36（8）：15-27.

［69］彭星，李斌. 不同类型环境规制下中国工业绿色转型问题研究［J］. 财经研究，2016，42（7）：134-144.

［70］齐绍洲，林屾，崔静波. 环境权益交易市场能否诱发绿色创新？——基于我国上市公司绿色专利数据的证据［J］. 经济研究，2018，53（12）：129-143.

［71］邱金龙，潘爱玲，张国珍. 正式环境规制、非正式环境规制与重污染企业绿色并购［J］. 广东社会科学，2018，190（2）：51-59.

［72］任保平，苗新宇. 新经济背景下扩大新消费需求的路径与政策取向［J］. 改革，2021（3）：14-25.

［73］任晓松，马茜，刘宇佳，赵国浩. 碳交易政策对工业碳生产率的影响及传导机制［J］. 中国环境科学，2021，41（11）：5427-5437.

［74］荣慧芳，陶卓民. 基于网络数据的乡村旅游热点识别及成因分析——以江苏省为例［J］. 自然资源学报，2020，35（12）：2848-2861.

［75］邵帅，李兴. 市场导向型低碳政策能否推动经济高质量发展？——

来自碳排放权交易试点的证据［J］. 广东社会科学，2022（2）：33-45.

［76］申晨，贾妮莎，李炫榆. 环境规制与工业绿色全要素生产率——基于命令—控制型与市场激励型规制工具的实证分析［J］. 研究与发展管理，2017，29（2）：144-154.

［77］沈坤荣，金刚. 中国地方政府环境治理的政策效应——基于“河长制”演进的研究［J］. 中国社会科学，2018（5）：92-115+206.

［78］［美］施蒂格勒. 产业组织与政府管制［M］. 潘振民，译. 上海：上海人民出版社，1996.

［79］史丹，李少林. 排污权交易制度与能源利用效率——对地级及以上城市的测度与实证［J］. 中国工业经济，2020，390（9）：5-23.

［80］宋德勇，朱文博，王班班. 中国碳交易试点覆盖企业的微观实证：碳排放权交易、配额分配方法与企业绿色创新［J］. 中国人口·资源与环境，2021，31（1）：37-47.

［81］宋弘，孙雅洁，陈登科. 政府空气污染治理效应评估——来自中国“低碳城市”建设的经验研究［J］. 管理世界，2019，35（6）：95-108+195.

［82］宋文飞. 中国外商直接投资对碳生产率的双边效应［J］. 大连理工大学学报（社会科学版），2021，42（5）：52-63.

［83］苏昕，周升师. 双重环境规制、政府补助对企业创新产出的影响及调节［J］. 中国人口·资源与环境，2019，29（3）：31-39.

［84］孙华平，杜秀梅. 全球价值链嵌入程度及地位对产业碳生产率的影响［J］. 中国人口·资源与环境，2020，30（7）：27-37.

［85］孙鹏博，葛力铭. 通向低碳之路：高铁开通对工业碳排放的影响［J］. 世界经济，2021，44（10）：201-224.

［86］涂建军，刘莉，张跃，等. 1996—2015 年我国经济重心的时空演变

轨迹——基于 291 个地级市数据［J］. 经济地理，2018，38（2）：18-26.

［87］王小鲁，樊纲，胡李鹏. 中国分省份市场化指数报告（2018）［M］. 北京：社会科学文献出版社，2019.

［88］王兵，赖培浩，杜敏哲. 用能权交易制度能否实现能耗总量和强度“双控”？［J］. 中国人口·资源与环境，2019，29（1）：107-117.

［89］王红梅. 中国环境规制政策工具的比较与选择——基于贝叶斯模型平均（BMA）方法的实证研究［J］. 中国人口·资源与环境，2016，26（9）：132-138.

［90］王晶晶，焦勇，江三良. 中国八大综合经济区技术进步方向的区域差异与动态演进：1978~2017［J］. 数量经济技术经济研究，2021，38（4）：3-21.

［91］王康. 不同类型环境规制对碳生产率影响的空间异质性分析［D］. 哈尔滨：哈尔滨师范大学，2019.

［92］王立勇，祝灵秀. 贸易开放与财政支出周期性——来自 PSM-DID 自然实验的证据［J］. 经济学动态，2019（8）：40-55.

［93］王少剑，高爽，黄永源，史晨怡. 基于超效率 SBM 模型的中国城市碳排放绩效时空演变格局及预测［J］. 地理学报，2020，75（6）：1316-1330.

［94］王少剑，黄永源. 中国城市碳排放强度的空间溢出效应及驱动因素［J］. 地理学报，2019，74（6）：1131-1148.

［95］王许亮，王恕立，滕泽伟. 中国服务业碳生产率的空间收敛性研究［J］. 中国人口·资源与环境，2020，30（2）：70-79.

［96］王艳丽，王根济. 环境规制、工业结构变动与碳生产率增长——基于 1998—2013 年省级工业行业动态面板数据的实证检验［J］. 经济与管理，2016，30（6）：73-80.

［97］王勇，赵晗. 中国碳交易市场启动对地区碳排放效率的影响［J］. 中国人口·资源与环境，2019，29（1）：50-58.

［98］王云，李延喜，马壮，等. 环境行政处罚能以儆效尤吗？——同伴影响视角下环境规制的威慑效应研究［J］. 管理科学学报，2020，23（1）：77-95.

［99］魏楚，郑新业. 能源效率提升的新视角——基于市场分割的检验［J］. 中国社会科学，2017（10）：90-111+206.

［100］温忠麟，叶宝娟. 中介效应分析：方法和模型发展［J］. 心理科学进展，2014，22（5）：731-745.

［101］吴建新，郭智勇. 基于连续性动态分布方法的中国碳排放收敛分析［J］. 统计研究，2016，33（1）：54-60.

［102］伍格致，游达明. 财政分权视角下环境规制对技术引进的影响机制［J］. 经济地理，2018，38（8）：37-46.

［103］武红. 中国省域碳减排：时空格局、演变机理及政策建议——基于空间计量经济学的理论与方法［J］. 管理世界，2015（11）：3-10.

［104］谢云飞，黄和平. 环境信息公开对城市生态效率的影响及作用机制［J］. 华东经济管理，2022，36（5）：79-88.

［105］谢云飞，黄和平，徐斌. 环境规制对产业结构升级的影响研究——以我国 2005—2017 年省际面板数据为例［J］. 城市与环境研究，2021，29（3）：56-76.

［106］谢云飞. 数字经济对区域碳排放强度的影响效应及作用机制［J］. 当代经济管理，2022，44（2）：68-78.

［107］辛宝贵，高菲菲. 生态文明试点有助于生态全要素生产率提升吗？［J］. 中国人口·资源与环境，2021，31（5）：152-162.

[108] 熊波，杨碧云. 命令控制型环境政策改善了中国城市环境质量吗？——来自“两控区”政策的“准自然实验”［J］. 中国地质大学学报（社会科学版），2019，19（3）：63-74.

[109] 熊航，静峥，展进涛. 不同环境规制政策对中国规模以上工业企业技术创新的影响［J］. 资源科学，2020，42（7）：1348-1360.

[110] 徐军委，刘志华，王建雄. 碳交易试点是否提升了区域绿色全要素生产率？［J］. 技术经济，2022，41（8）：23-33.

[111] 徐现祥，李书娟，王贤彬，等. 中国经济增长目标的选择：以高质量发展终结“崩溃论”［J］. 世界经济，2018，41（10）：3-25.

[112] 许梦博，李世斌. 环境信息公开、产业结构调整与技术创新——基于市级层面的实证检验［J］. 吉林大学社会科学学报，2021，61（2）：128-139+237-238.

[113] 薛飞，周民良. 用能权交易制度能否提升能源利用效率？［J］. 中国人口·资源与环境，2022，32（1）：54-66.

[114] 严成樑，李涛，兰伟. 金融发展、创新与二氧化碳排放［J］. 金融研究，2016（1）：14-30.

[115] 杨骞，秦文晋，刘华军. 环境规制促进产业结构优化升级吗？［J］. 上海经济研究，2019，369（6）：83-95.

[116] 杨翔，李小平，周大川. 中国制造业碳生产率的差异与收敛性研究［J］. 数量经济技术经济研究，2015，32（12）：3-20.

[117] 杨秀汪，李江龙，郭小叶. 中国碳交易试点政策的碳减排效应如何？——基于合成控制法的实证研究［J］. 西安交通大学学报（社会科学版），2021，41（3）：93-104+122.

[118] 杨煜，陆安颉，张宗庆. 政府环境信息公开能否促进环境治

理？——基于120个城市的实证研究［J］. 北京理工大学学报（社会科学版），2020，22（1）：41-48.

［119］殷宇飞，杨雪锋. 环境规制、技术创新与城市产业结构升级——基于113个城市样本数据［J］. 江汉论坛，2020（4）：48-55.

［120］尤济红，高志刚. 政府环境规制对能源效率影响的实证研究——以新疆为例［J］. 资源科学，2013，35（6）：1211-1219.

［121］余泳泽，刘大勇，龚宇. 过犹不及事缓则圆：地方经济增长目标约束与全要素生产率［J］. 管理世界，2019，35（7）：26-42+202.

［122］袁润松，丰超，王苗，等. 技术创新、技术差距与中国区域绿色发展［J］. 科学学研究，2016，34（10）：1593-1600.

［123］袁长伟，张帅，焦萍，等. 中国省域交通运输全要素碳排放效率时空变化及影响因素研究［J］. 资源科学，2017，39（4）：687-697.

［124］原毅军，刘柳. 环境规制与经济增长：基于经济型规制分类的研究［J］. 经济评论，2013（1）：27-33.

［125］原毅军，谢荣辉. 环境规制的产业结构调整效应研究——基于中国省际面板数据的实证检验［J］. 中国工业经济，2014，317（8）：57-69.

［126］詹新宇，刘文彬. 中国式财政分权与地方经济增长目标管理——来自省、市政府工作报告的经验证据［J］. 管理世界，2020，36（3）：23-39+77.

［127］占佳，李秀香. 环境规制工具对技术创新的差异化影响［J］. 广东财经大学学报，2015，30（6）：16-26.

［128］张彩云，王勇，李雅楠. 生产过程绿色化能促进就业吗——来自清洁生产标准的证据［J］. 财贸经济，2017，38（3）：131-146.

［129］张成，史丹，王俊杰. 中国碳生产率的潜在改进空间——基于外

部环境和内部管理视角［J］. 资源科学，2015，37（6）：1218-1229.

［130］张红凤，周峰，杨慧，郭庆. 环境保护与经济发展双赢的规制绩效实证分析［J］. 经济研究，2009，44（3）：14-26+67.

［131］张华，魏晓平. 绿色悖论抑或倒逼减排——环境规制对碳排放影响的双重效应［J］. 中国人口·资源与环境，2014，24（9）：21-29.

［132］张华. "绿色悖论"之谜：地方政府竞争视角的解读［J］. 财经研究，2014，40（12）：114-127.

［133］张江雪，蔡宁，杨陈. 环境规制对中国工业绿色增长指数的影响［J］. 中国人口·资源与环境，2015，25（1）：24-31.

［134］张杰，周晓艳，李勇. 要素市场扭曲抑制了中国企业 R&D？［J］. 经济研究，2011，46（8）：78-91.

［135］张娟，耿弘，徐功文，等. 环境规制对绿色技术创新的影响研究［J］. 中国人口·资源与环境，2019，29（1）：168-176.

［136］张平，张鹏鹏，蔡国庆. 不同类型环境规制对企业技术创新影响比较研究［J］. 中国人口·资源与环境，2016，26（4）：8-13.

［137］张平淡，何晓明. 环境技术、环境规制与全过程管理——来自"十五"与"十一五"的比较［J］. 北京理工大学学报（社会科学版），2014，16（1）：19-26.

［138］张同斌. 提高环境规制强度能否"利当前"并"惠长远"［J］. 财贸经济，2017，38（3）：116-130.

［139］张小筠，刘戒骄. 新中国 70 年环境规制政策变迁与取向观察［J］. 改革，2019，308（10）：16-25.

［140］张哲晰，穆月英. 产业集聚能提高农业碳生产率吗？［J］. 中国人口·资源与环境，2019，29（7）：57-65.

［141］赵国浩，高文静. 基于前沿分析方法的中国工业部门广义碳生产率指数测算及变化分解［J］. 中国管理科学，2013，21（1）：31-36.

［142］赵玉民，朱方明，贺立龙. 环境规制的界定、分类与演进研究［J］. 中国人口·资源与环境，2009，19（6）：85-90.

［143］郑加梅. 环境规制产业结构调整效应与作用机制分析［J］. 财贸研究，2018，29（3）：21-29.

［144］郑佳佳，喻晓蕾. FDI 的引进加剧了我国的碳排放吗？——基于市场化角度的再分析［J］. 中国管理科学，2015，23（S1）：778-785.

［145］郑建明，许晨曦. “新环保法”提高了企业环境信息披露质量吗？——一项准自然实验［J］. 证券市场导报，2018，313（8）：4-11+28.

［146］植草益. 微观规制经济学［M］. 北京：中国发展出版社，1992.

［147］钟茂初，李梦洁，杜威剑. 环境规制能否倒逼产业结构调整——基于中国省际面板数据的实证检验［J］. 中国人口·资源与环境，2015，25（8）：107-115.

［148］周国富，陈菡彬. 产业结构升级对城乡收入差距的门槛效应分析［J］. 统计研究，2021，38（2）：15-28.

［149］周肖肖，丰超，胡莹，等. 环境规制与化石能源消耗——技术进步和结构变迁视角［J］. 中国人口·资源与环境，2015，25（12）：35-44.

［150］朱小会，陆远权. 开放经济、环保财政支出与污染治理——来自中国省级与行业面板数据的经验证据［J］. 中国人口·资源与环境，2017，27（10）：10-18.

［151］Abadie A，Alexis D，Jens H. Synthetic control methods for comparative case studies：Estimating the effect of California's tobacco control program［J］. Journal of the American Statistical Association，2010，105（490）：493-505.

[152] Abadie A, Gardeazabal J. The economic costs of conflict: A case study of the Basque country [J]. American Economic Review, 2003, 93 (1): 113-132.

[153] Alder S, Shao L, Zilibotti F. Economic reforms and industrial policy in a panel of Chinese cities [J]. Journal of Economic Growth, 2016, 21 (4): 305-349.

[154] Bai C, Du K, Yu Y, et al. Understanding the trend of total factor carbon productivity in the world: Insights from convergence analysis [J]. Energy Economics, 2019 (81): 698-708.

[155] Bento A, Freedman M, Lang C. Who benefits from environmental regulation? Evidence from the clean air act amendments [J]. Review of Economics and Statistics, 2015, 97 (3): 610-622.

[156] Bishwanath G, Nandini B. Impact of informal regulation of pollution on water quality in rivers in India [J]. Journal of Environmental Management, 2004, 73 (2): 117-130.

[157] Brunnermeier S B, Cohen M A. Determinants of environmental innovation in US manufacturing industries [J]. Journal of Environmental Management, 2003, 45 (2): 278-293.

[158] Cai X Q, et al. Does environmental regulation drive away inbound foreign direct investment? Evidence from a quasi-natural experiment in China [J]. Journal of Development Economics, 2016 (123): 73-85.

[159] Cees V B, Jeroen C J M, Van Den Bergh. An empirical multi-country analysis of the impact of environmental regulations on foreign trade flows [J]. Kyklos, 1997, 50 (1): 29-46.

［160］ Chen B， Cheng Y S. The impacts of environmental regulation on industrial activities：Evidence from a quasi-natural experiment in chinese prefectures ［J］. Sustainability，2017，9（4）：571-571.

［161］ Chen J， Gao M， Cheng S， et al. County-level CO_2 emissions and sequestrationin China during 1997-2017 ［J］. Scientific Data，2020，7（1）：1-12.

［162］ Dam L， Scholtens B. The curse of the haven：The impact of multinational enterprise on environmental regulation ［J］. Ecological Economics，2012（78）：148-156.

［163］ David P. Induced innovation and energy prices ［J］. The American Economic Review，2002，92（1）：160-180.

［164］ Frances B， Samuel T， Panos P. A classification of information-based environmental regulation：Voluntariness， compliance and beyond ［J］. Science of the Total Environment，2020（712）：135571.

［165］ Garriga E， Mele D. Corporate social responsibility theories：Mapping the territory ［J］. Journal of Business Ethics，2004，53（1）：51-71.

［166］ Ge G， et al. Synergistic effects of environmental regulations on carbon productivity growth in China's major industrial sectors ［J］. Natural Hazards，2019，95（1-2）：55-72.

［167］ Grossman G M， Krueger A B. Environment impact of a North American free trade agreement ［R］. NBER Working Paper，1991.

［168］ Guo X， Fu L， Sun X H. Can environmental regulations promote greenhouse gas abatement in OECD countries? Command-and-Control vs. Market-Based Policies ［J］. Sustainability，2021，13（12）：6913.

[169] Gao G, Wang K, Zhang C, et al. Synergistic effects of environmental regulations on carbon productivity growth in China's major industrial sectors [J]. Natural Hazards, 2019 (95): 55-72.

[170] Hong Q, Cui L, Hong P. The impact of carbon emissions trading on energy efficiency: Evidence from quasi-experiment in China's carbon emissions trading pilot [J]. Energy Economics, 2022 (110): 106025.

[171] Hering L, Poncet S. Environmental policy and exports: Evidence from Chinese cities [J]. Journal of Environmental Management, 2014, 68 (2): 296-318.

[172] Hicks J R. The Theory of Wages [M]. New York: Macmillan, 1932.

[173] Hu W, Di Wang D. How does environmental regulation influence China's carbon productivity? An empirical analysis based on the spatial spillover effect [J]. Journal of Cleaner Production, 2020 (257): 120484.

[174] Jerad A Ford, John Steen, Martie-Louise Verreynne. How environmental regulations affect innovation in the Australian oil and gas industry: Going beyond the Porter Hypothesis [J]. Journal of Cleaner Production, 2014 (84): 204-213.

[175] Jaffe A B, Palmer K. Environmental regulation and innovation: A panel data study [J]. Review of Economics and Statistics, 1997, 79 (4): 610-619.

[176] Kathuria V. Informal regulation of pollution in a developing country: Evidence from India [J]. Ecological Economics, 2007, 63 (2-3): 403-417.

[177] Kaya Y, Yokobori K. Environment, Energy, and Economy: Strategies for Sustainability [M]. Tokyo: United Nations University Press, 1997.

[178] Kneller R, Manderson E. Environmental regulations and innovation activity in UK manufacturing industries [J]. Resource and Energy Economics, 2011, 34 (2): 211-235.

[179] Li S, Liu J, Shi D. The impact of emissions trading system on corporate energy efficiency: Evidence from a quasi-natural experiment in China [J]. Energy, 2021 (233): 121129.

[180] Li P, Lu Y, Wang J. Does flattening government improve economic performance? Evidence from China [J]. Journal of Development Economics, 2016 (123): 18-37.

[181] Li W, Wang W, Wang Y, et al. Historical growth in total factor carbon productivity of the Chinese industry-a comprehensive analysis [J]. Journal of Cleaner Production, 2018 (170): 471-485.

[182] Lin B, Zhu J. Energy and carbon intensity in China during the urbanization and industrialization process: A panel VAR approach [J]. Journal of Cleaner Production, 2017 (168): 780-790.

[183] Liu X H, Wang E X, Cai D T. Environmental regulation and corporate financing—quasi-natural experiment evidence from China [J]. Sustainability, 2018, 10 (11): 4028.

[184] Liu Y Z, Mao J. How do tax incentives affect investment and productivity? Firm-level evidence from China [J]. American Economic Journal: Economic Policy, 2019, 11 (3): 261-291.

[185] Miao Z, Baležentis T, Tian Z, et al. Environmental performance and regulationeffect of China's atmospheric pollutant emissions: Evidence from "three regionsand ten urban agglomerations" [J]. Environmental and Resource Econom-

ics, 2019, 74 (1): 211-242.

[186] Michael E Porter, Claas van der Linde. Toward a new conception of the environment-competitiveness relationship [J]. The Journal of Economic Perspectives, 1995, 9 (4): 97-118.

[187] Sauter C. How should we measure environmental policy stringency? A new approach [R]. IRENE Working Paper, 2014.

[188] Shan Y, Guan D, Zheng H, et al. China CO_2 emission accounts 1997-2015 [J]. Scientific Data, 2018, 5 (1): 1-14.

[189] Shi D, Bu C, Xue H. Deterrence effects of disclosure: The impact of environmental information disclosure on emission reduction of firms [J]. Energy Economics, 2021 (104): 105680.

[190] Shi K, Chen Y, Li L, et al. Spatiotemporal variations of urban CO_2 emissionsin China: A multiscale perspective [J]. Applied Energy, 2018 (211): 218-229.

[191] Smita B B, Mark A C. Determinants of environmental innovation in US manufacturing industries [J]. Journal of Environmental Economics and Management, 2003, 45 (2): 278-293.

[192] Staiger D, Stock J H. Instrumental variables regression with weak instruments [J]. Econometrica, 1997, 65 (3): 557-586.

[193] Tan X J, et al. The effect of carbon emission trading scheme on energy efficiency: Evidence from China [J]. Economic Analysis and Policy, 2022 (75): 506-517.

[194] Tone K. A slacks-based measure of super-efficiency in data envelopment analysis [J]. European Journal of Operational Research, 2002, 143 (1):

32-41.

[195] Vinish Kathuria. Informal regulation of pollution in a developing country: Evidence from India [J]. Ecological Economics, 2006, 63 (2): 403-417.

[196] Wen H X, Chen Z R, Nie P Y. Environmental and economic performance of China's ETS pilots: New evidence from an expanded synthetic control method [J]. Energy Reports, 2021 (7): 2999-3010.

[197] Wang Z, Xu X, Zhu Y, et al. Evaluation of carbon emission efficiency in China's airlines [J]. Journal of Cleaner Production, 2020 (243): 118500.

[198] Werner A, Brian R Copeland, Scott M Taylor. Is free trade good for the environment? [J]. The American Economic Review, 2001, 91 (4): 877-908.

[199] Wu F, Huang N, Zhang F, et al. Analysis of the carbon emission reduction potential of China's key industries under the IPCC 2℃ and 1.5℃ limits [J]. Technological Forecasting and Social Change, 2020 (159): 120198.

[200] Xie R, Yuan Y, Huang J. Different types of environmental regulations and heterogeneous influence on "green" productivity: Evidence from China [J]. Ecological Economics, 2017 (132): 104-112.

[201] Xing Y Q, Charles D. K. Do lax environmental regulations attract foreign investment? [J]. Environmental and Resource Economics, 2002, 21 (1): 1-22.

[202] Xu N, et al. Does digital transformation promote agricultural carbon productivity in China? [J]. Land, 2022, 11 (11): 1966.

[203] Yu H W, et al. Environmental regulation and corporate tax avoidance: A quasi-natural experiments study based on China's new environmental protection

law [J]. Journal of Environmental Management, 2021 (296): 113160.

[204] Zhang C, Cheng J K. Environmental regulation and corporate cash holdings: Evidence from China's new environmental protection law [J]. Frontiers in Environmental Science, 2022 (10): 4.

[205] Zhang H, Xu K N. Impact of environmental regulation and technical progress on industrial carbon productivity: An approach based on proxy measure [J]. Sustainability, 2016, 8 (8): 819.

[206] Zhang X M, Lu F F, Xue D. Does China's carbon emission trading policy improveregional energy efficiency? An analysis based on quasi-experimental and policy spillover effects [J]. Environmental Science and Pollution Research International, 2021, 29 (14): 21166-21183.

[207] Zhou D, et al. Does emission trading boost carbon productivity? Evidence from China's pilot emission trading scheme [J]. International Journal of Environmental Research and Public Health, 2020, 17 (15): 5522.

[208] Zaim O, Taskin F. Environmental efficiency in carbon dioxide emissions in the OECD: A non-parametric approach [J]. Journal of Environmental Management, 2000, 58 (2): 95-107.

[209] Zhang Y, Li S, Luo T, et al. The effect of emission trading policy on carbon emission reduction: Evidence from an integrated study of pilot regions in China [J]. Journal of Cleaner Production, 2020 (265): 121843.